Veggie
STREET
FOOD

REZEPTE FLORIAN SEHN | **FOTOS** MARIA BRINKOP

FLORIAN SEHN | FOTOS: MARIA BRINKOP

Veggie
STREET
FOOD

CHRISTIAN

VEGGIE STREETFOOD
Seite 6

Wie und warum? Antworten auf
diese und weitere Fragen sowie
Tipps und Tricks für schnelles und
einfaches Kochen.

SANDWICHES & CO.
Seite 14

Hier findet sich allerhand Belegtes für
auf die Hand und zwischen die Kiemen.
Vieles eignet sich auch hervorragend
als Snack »to go«

POMMES, FINGERFOOD & CO.
Seite 44

Wer eine Alternative zu klassischen
Pommes sucht, wird hier garantiert
fündig. Doch auch Ausgefallenes wie
Feta-Cookies oder neu interpretierte
Klassiker wie Spargel-Fritten laden zum
Ausprobieren ein.

BURGER & CO.
Seite 64

Ein Streetfood-Buch ohne Burger
funktioniert nicht! Deshalb schenke
ich den beliebten Fast-Food-Stars ein
eigenes Kapitel voller Möglichkeiten.

PIZZA & CO.
Seite 88

Alle lieben Pizza! Ich natürlich auch und möchte deshalb mit einigen kreativen Ansätzen überraschen. Aber auch für Flammkuchen oder Lahmacun findet man hier ein fleischloses Rezept.

DIPS, SAUCEN & CO.
Seite 104

Gutes Fast Food lebt auch von den jeweils passenden Dips und Saucen. Mal pikant, mal fruchtig-süß – hier ist für jeden Geschmack etwas dabei.

BRÖTCHEN & CO.
Seite 134

Bei mir muss es schnell und einfach gehen. Deswegen lasse ich meine Backwaren größtenteils im Ofen gehen. Und mit meinem Allround-Teig gelingen Bagels, Pizzas und Co. ganz problemlos.

ANHANG
Seite 152

VORWORT: WIE UND WARUM?

Was ist der ausschlaggebende Grund, ein Kochbuch zu schreiben? Ganz klar: die Lust am Kochen. Was mich dazu bewegte, ein Buch über vegetarisches Streetfood zu schreiben, erzählt folgende kleine Geschichte:

Nicht jedes vegetarische oder vegane Gericht muss zwingend mit Tofu zubereitet werden. Und sicher ließen sich noch viel mehr Menschen vom Verzicht auf vorgefertigte »Convenience«-Produkte überzeugen, wenn sie wüssten, welche Zutaten sie alternativ verwenden können, davon ist Florian Sehn überzeugt. Nachdem der selbstständige Grafikdesigner aus Bingen am Rhein den Entschluss gefasst hatte, künftig fleischfrei zu kochen und zu essen, vermisste er schon bald befriedigende Rezepte für sein heißgeliebtes Seelenfutter – Fast Food, wie man es auf den angesagten Streetfood-Märkten oder an Food Trucks bekommt. Das rosagebratene Patty eines Burgers einfach nur durch Buchweizen oder industriell hergestellte Tofumasse zu ersetzen, empfand er als wenig zufriedenstellend und begann kurzerhand mit der Entwicklung eigener Rezeptideen. Das Endergebnis – dieses Buch – bietet von simplen Crostini-Varianten über verschiedenste Burger bis hin zu Flammkuchen, Pizza und Döner genügend Ideen, um sich auch als Flexitarier, Vegetarier oder gar Veganer der Lust am Streetfood hinzugeben. Praktisch zudem: Die Rezepte sind schnell zubereitet und die Zutatenlisten weitestgehend übersichtlich. Dem schnellen Genuss steht somit nichts mehr im Wege.

VEGETARISCH OHNE TOFU

Der eingefleischte Allesfresser neigt beim Schlagwort »Vegetarismus«
sofort dazu, an Tofu zu denken. Und warum sollte man es ihm verübeln?
Ist es doch für viele frisch gewordene Vegetarier gang und gäbe, Wurst,
Fleisch und Fisch gegen Tofu und andere Ersatzprodukte auszutauschen.
So werden zum Beispiel aus Fischstäbchen Tofustäbchen, und die Bolog-
nese besteht aus feinen Tofuschnetzeln. Aber warum? Mit der riesigen
erhältlichen Auswahl an Hülsenfrüchten sowie Gemüse-, Obst- und
Käsesorten sollte man gut versorgt sein, um auch ohne Tofu oder Seitan
vollwertig und lecker kochen zu können.

Darum möchte ich in meinem Kochbuch darauf verzichten und zeigen,
was dennoch an Vielfalt möglich ist. Lust auf ein Schnitzelbrötchen?
Probieren Sie doch mal die Version mit panierten Austernpilzen
(siehe Rezept Seite 39). Oder ersetzen Sie doch einfach mal das Hotdog-
Würstchen durch eine Möhre (siehe Rezept Seite 76). Ich wünsche Ihnen
viel Spaß beim Probieren und einen guten Appetit.

DIE DEFINITION VON STREETFOOD

Was ist Streetfood? Klar, wörtlich übersetzt: »Essen von der Straße«.
Aber es steckt so viel mehr dahinter als die schnelle Currywurst von der
abgerockten Imbissbude um die Ecke. Inzwischen sind coole Foodtrucks
und Garküchen aus dem Straßenbild vieler Städte gar nicht mehr weg-
zudenken, außerdem erfreuen sich ganze Streetfood-Festivals, bei denen
man sich an vielerlei Ständen und Garküchen durch die Küchen der Welt
schlemmen kann, enormer Beliebtheit.

Natürlich geht es beim schnellen Essen »auf die Hand« auch um Spon-
taneität und geringen Zeitaufwand in unserer schnelllebigen Zeit, wenn
man sich in der Mittagspause rasch ein Sandwich oder einen Burger
holt, anstelle von Tischreservierungen und langen Wartezeiten abhängig
zu sein. Ob man das Essen dann vor Ort, im Gehen, auf der Parkbank
oder im Büro zu sich nimmt, ist einem zum Glück selbst überlassen.

FAST FOOD UND VEGETARISMUS

Das schnelle Essen wird von Tag zu Tag beliebter, dennoch findet ein Wandel statt. Jahrzehntelang regierten die allseits bekannten Fast-Food-Monopole den Markt und boten uns nur wenig vegetarische Auswahl und Alternativen. Mit der Zeit wurde der Vegetarismus immer beliebter, der Drang nach einem gesünderen Leben immer stärker und ist nun mit der »veganen Welle« endgültig fester Bestandteil der Gesellschaft. So ist es unausweichlich, dass nicht nur die »Großen« vegetarische Alternativen auf ihren Speisekarten anbieten müssen. Immer mehr kleine und unabhängige Fast-Food-Läden und Streetfood-Stände haben auch fleischfreie und »tierfreie« Köstlichkeiten in ihrem Repertoire. Dadurch heben sie merklich die Auswahl, aber auch den Anspruch an vegetarisches und veganes Fast Food. Langsam zerbröckelt das ungesunde Image, und der Griff zur schnellen Mahlzeit muss nicht zwingend für ein schlechtes Gewissen sorgen.

DIE GESCHICHTE
DER SCHNELLEN ESSKULTUR

Ausgrabungen beweisen, dass es schon Anfang des Jahrtausends im alten Pompeji Schnellrestaurants gab. Im sogenannten Thermopolium waren Tontöpfe in Vertiefungen in einem Tresen aus Stein eingelassen und hielten dort vorbereitetes Essen aus Linsen, Bohnen und Erbsen warm und für die hungrige Kundschaft bereit. Aber auch in anderen Ländern, wie zum Beispiel China, gab es schon früh Straßenverkäufe, die mit den heutigen Imbissbuden vergleichbar sind.

Einen Aufschwung erlebte Fast Food durch die industrielle Revolution, die nicht nur für weniger Freizeit, sondern auch für mehr Berufstätigkeit bei Frauen sorgte. So blieb oft keine Zeit, die Nahrung zu Hause zuzubereiten, und man griff auf einen schnellen Imbiss zwischendurch zurück. Aus dieser steigenden Nachfrage entwickelte sich ein entsprechendes Angebot. Zum Beispiel gibt es Berichte von sogenannten »Lunch-Wagons«, die von Pferden gezogen durch amerikanische Industriegebiete wanderten und schnelles Essen verkauften. Eine Wurstbude aus Regensburg gilt übrigens als ältestes Fast-Food-Restaurant Deutschlands. Sie bietet seit etwa 850 Jahren schnelles Essen an.

VEGANISIEREN

Selbst für Vegetarier wirkt die vegane Küche oft aufwendig, umständlich und dadurch abschreckend. Dabei sind oft nur kleine Änderungen vonnöten, um ein 100%iges tierleidfreies Gericht zu zaubern. Wie einfach dies sein kann, möchte ich durch die nachfolgenden Tipps und durch die jeweiligen Hinweise bei den Rezepten zeigen.

GRUNDLAGEN DES VEGANISIERENS

Butter: Eine hochwertige Pflanzenmargarine ist hier ein würdiger Ersatz.

Milch und Sahne: Mittlerweile gibt es hierfür sehr viele Alternativen auf dem Markt. Die gängigsten sind Soja-, Hafer- und Reismilch beziehungsweise -sahne. Der typische Sojageschmack mundet nicht jedem, daher empfehle ich die Produkte auf Haferbasis.

Joghurt: Auch hier ist die Auswahl inzwischen groß. Die pflanzliche Alternative aus Soja findet man schon in fast jedem Supermarkt. Hierbei ist allerdings zu beachten, dass manche Sorten einen süßlichen Eigengeschmack haben und dadurch eventuell für salzige Dips nicht geeignet sind.

Mayonnaise: Eifreie Mayonnaisen gibt es in vielen Supermärkten, Bio-Läden, Reformhäusern und über vegane Versandshops. Oder einfach auf Seite 124 hier im Buch.

Käse: Für viele Käsesorten, wie zum Beispiel Gouda, Emmentaler, Mozzarella, Frischkäse und sogar Parmesan, gibt es mittlerweile Alternativen, die in gut sortierten Bio-Läden oder über Shops im Internet erhältlich sind. Die Qualitätsunterschiede sind hierbei sehr groß, da muss man ein bisschen probieren. Jeder muss für sich selbst entscheiden, welcher Käse ihm am besten schmeckt.

Ei: Wie man ein Ei ersetzt, hängt vom Rezept ab. Zum Beispiel kann man beim Zubereiten süßer Backwaren Apfelmus oder reife Bananen verwenden, um den Teig zu lockern. Zum Binden, zum Beispiel von Bratlingen, nimmt man pro Ei jeweils 2 EL Kichererbsen- oder Stärkemehl. Beim Panieren funktioniert ein dickflüssiger Teig gut, den man aus Mehl und Wasser zusammenrührt.

Honig: Ich empfehle stattdessen Agavendicksaft oder Ahornsirup.

Hefeflocken: In der veganen Küche wird man früher oder später auf den Begriff »Hefeflocken« stoßen. Dabei handelt es sich um sogenannte Nährhefe in Flockenform. Sie besticht durch einen hohen Vitamin-B-Gehalt und ist als Würzmittel geeignet, da Gerichte dadurch einen käseähnlichen Geschmack bekommen und cremiger werden.

VEGAN-AMPEL

Zur schnelleren und leichteren Orientierung, welche meiner Rezepte vegan oder veganisierbar sind, habe ich jedes Rezept mithilfe meiner »Vegan-Ampel« farblich markiert.

Das Rezept ist vegan.

Dieses Rezept lässt sich leicht veganisieren.

Das Veganisieren erfordert ein komplett neues Rezept und/oder ist zu zeitaufwendig.

MEIN 1X1 DER SCHNELLEN KÜCHE

Wem, wie mir, nicht viel Zeit zum Kochen bleibt, seien folgende Tipps und Tricks ans Herz gelegt

1. Küche aufräumen

Mit viel freier Arbeitsfläche behält man den Überblick. So kocht es sich schneller und stressfreier.

2. Kenne das Rezept

Vor dem Kochen sollte man das Rezept mindestens einmal komplett durchgelesen haben. Dies erleichtert die Organisation und man vermeidet spätere Fehler.

3. Zutaten zurechtlegen

Legt man sich alle für das Rezept notwendigen Zutaten vor dem Kochen zurecht, erspart man sich spätere Panik und Patzer. Öl, Salz und Pfeffer benutzt man eher häufig. Daher sollten sie in der Nähe der Pfanne oder des Topfes stehen. Dinge, die man selten benötigt, dürfen hingegen im Schrank ganz nach hinten geräumt werden.

4. Gute Ausrüstung

Fast nichts ist wichtiger für unkompliziertes und schnelles Kochen als eine gute Kochausrüstung. Für mich gehören neben Pfannen und Töpfen auf jeden Fall dazu:
ein großes Küchenmesser, ein kleines Küchenmesser, mindestens ein großes Schneidebrett Stabmixer, Universalzerkleinerer/Küchenmaschine, Pfannenwender, Kochlöffel, Schneebesen, Schüsseln in verschiedenen Größen, eine Küchenwaage und ein Wasserkocher.

5. Messer schärfen

Frisch geschliffene Messer schneiden besser. Darum empfiehlt es sich, regelmäßig mit einem Schleifstein nachzuschärfen.

6. Universalzerkleinerer

Oft lassen sich Zutaten, wie zum Beispiel Zwiebeln, Karotten oder Paprika, schneller und sorgfältiger mit dem Universalzerkleinerer kleinschneiden als mit dem Messer. Hierbei sollte man aber nicht zu übereifrig sein, damit kein Gemüsebrei entsteht.

7. Wasser kochen

Mit dem Wasserkocher lässt sich Wasser schneller zum Kochen bringen als im Topf. Sobald es kocht, einfach umschütten.

8. Deckel nicht vergessen

Das Kochen mit Deckel hält die Temperatur im Topf und spart dadurch Zeit und Energie.

9. Vorgekochte Zutaten

Natürlich sind frische Zutaten grundsätzlich vorzuziehen, aber wenn es schnell gehen muss, sorgt beispielsweise vorgekochte rote Bete für eine nicht zu verachtende Zeitersparnis. Mittlerweile findet man solche Zutaten auch in Bio-Läden und muss so zumindest nicht auf Bio-Qualität verzichten.

WAS ICH NOCH
LOSWERDEN MÖCHTE

🌿 Verwende ich für ein Rezept getrocknete Kräuter oder Gewürze, dürfen Sie auch gerne frische verwenden.

🌿 Verlangt ein Rezept ein Bund Kräuter, spreche ich von der kleineren Supermarkt-Version und nicht von den großen Marktbünden, die es teilweise zu kaufen gibt.

🌿 Backofentemperaturen variieren je nach Hersteller. Halten Sie bitte stets ein Auge auf Ihre Backwaren und vertrauen Sie meinen Zeitangaben nicht blind.

🌿 Ich mag Knoblauch, bin aber eher vorsichtig bei der Verwendung. Große Knoblauchfans dürfen die Menge bei entsprechenden Rezepten gerne erhöhen.

🌿 Ich verwende grundsätzlich frische Hefe. Wer die getrocknete Alternative verwenden möchte, ersetzt einen halben Würfel mit einem Tütchen Trockenhefe.

🌿 Gemüsegrößen variieren stark. Wenn nicht anders angegeben, benutze ich Gemüse in Standardgrößen.

🌿 Es gibt zwei verschiedene Sojasaucen: Shoyu und Tamari. Ich verwende ausschließlich Tamari. Diese wird ohne Zusatz von Weizen hergestellt und besitzt ein kräftigeres Aroma, ist dabei jedoch weniger salzig.

🌿 Übrig gebliebene Dips können auch als Brotaufstriche verwendet werden.

🌿 Ich verwende meist Olivenöl zum Anbraten. Dies ist allerdings reine Gewohnheit. Falls Sie standardmäßig zum Beispiel Rapsöl verwenden, dürfen Sie gerne dabei bleiben.

SANDWICHES & CO.

Ob Frühlingsrolle, Döner oder Wraps ...

... man isst sie ohne Besteck. Doch sie zählen weder zur Kategorie der Burger noch zu Fingerfood. Die Vielfalt dieser Gerichte präsentiert das folgende Kapitel und unternimmt mit mir eine Reise durch verschiedene Länderküchen. Von Italien über Mexiko bis nach Asien.

TOMATEN-MANDEL-MINZE-CROSTINI

◆

Die Crostinis sind nicht nur als Vorspeise geeignet:
Mit einem grünen Salat als Beilage bekommt man ohne Probleme zwei
Personen satt. Die herrliche Frische der Minze sorgt für das besondere
Geschmackserlebnis.

ZUTATEN

Für etwa 15 Stück
Zubereitungszeit: 30 Minuten

80 g Mandeln
250 g Kirschtomaten
50 g in Öl eingelegte Tomaten
2 TL getrocknete Minze
1 Knoblauchzehe
1 TL Salz
frisch gemahlener Pfeffer
1 Baguette
4 EL Olivenöl

> *Tipp*
> Das Tomaten-Mandel-Minze-Püree
> verträgt sich auch hervorragend mit
> einer Portion Pasta.

1. Den Backofen auf 180 °C (Umluft) vorheizen. Für das Tomaten-Mandel-Minze-Püree die Mandeln grob hacken und in einer Pfanne ohne Öl rösten. Die Kirschtomaten waschen und mit den gerösteten Mandeln, den eingelegten Tomaten, 2 EL des dafür benutzten Öls, der Minze, der Knoblauchzehe, Salz und Pfeffer in einem Mixer fein pürieren.

2. Das Baguette in 15 daumendicke Scheiben schneiden, mit Olivenöl bestreichen und auf ein mit Backpapier ausgelegtes Backblech legen. Die Baguettescheiben 7 Minuten im Backofen kross backen, herausnehmen und großzügig mit dem Tomaten-Mandel-Minze-Püree bestreichen. Für weitere 5 Minuten in den Backofen stellen, herausnehmen und servieren.

TOMATEN·MANDEL
MINT·KROSTINI·

APFEL-ZWIEBEL-CROSTINI

Ein geschmackliches Orchester: Besser kann man das Zusammenspiel aus süßem Apfel, leicht scharfer Zwiebel, aromatischem Ziegengouda und duftendem Thymian nicht beschreiben.

ZUTATEN
Für etwa 15 Stück
Zubereitungszeit: 30 Minuten

3 rote Zwiebeln
1 Knoblauchzehe
7 EL Olivenöl
1 Apfel
100 g Ziegengouda
1 EL Honig
1 TL getrockneter Thymian
Salz
frisch gemahlener Pfeffer
1 Baguette

1. Den Backofen auf 180 °C (Umluft) vorheizen. Für die Apfel–Zwiebel–Mischung die Zwiebeln sowie den Knoblauch abziehen und fein würfeln. 3 EL Olivenöl in einer Pfanne erhitzen und die Knoblauch- und Zwiebelwürfel bei niedriger Temperatur glasig anschwitzen. Den Apfel waschen, vierteln, entkernen und zusammen mit dem Ziegengouda fein würfeln. Beides mit Honig und Thymian unter die Zwiebeln und den Knoblauch mischen. Mit Salz und Pfeffer abschmecken.

2. Das Baguette in 15 daumendicke Scheiben schneiden, mit dem restlichen Olivenöl bestreichen und auf ein mit Backpapier ausgelegtes Backblech legen. Die Baguettescheiben 7 Minuten im Backofen kross backen, herausnehmen und großzügig mit der Apfel-Zwiebel-Mischung bestreichen. Für weitere 5 Minuten in den Backofen stellen, herausnehmen und servieren.

*Für die
vegane Variante:*
Veganer werden den
Ziegengouda nicht vermissen.
Anstatt Honig 1 TL Agaven-
dicksaft verwenden.

Für die
vegane Variante:
Pflanzlichen Joghurt anstatt
Naturjoghurt verwenden.

KNUSPRIGER
AVOCADO-FRITTEN-BAGEL

◆

Die meisten genießen Avocado frisch und roh aus der Schale.
Für ein herzhaft belegtes Bagel-Brötchen paniere ich das Fruchtfleisch
allerdings mit knusprigen Cornflakes und backe es anschließend
im Backofen.

ZUTATEN
Für 2 Bagels
Zubereitungszeit: 40 Minuten

2 Avocados
150 g Naturjoghurt
120 g ungezuckerte Cornflakes
Salz
frisch gemahlener Pfeffer
Chiliflocken
12 Kirschtomaten
½ Bund Rucola
2 Bagels (siehe Rezept Seite 149)
1 Portion Zitronen-Cashew-Mousse (siehe Rezept Seite 111)

1. Den Backofen auf 180 °C (Umluft) vorheizen. Für die Avocado-Fritten die Avocados halbieren und den Kern entfernen. Jede Hälfte in vier gleich große Spalten schneiden. Den Naturjoghurt in einer flachen Schüssel glatt rühren. Die Cornflakes mit den Händen grob zerdrücken und in eine zweite flache Schüssel füllen.

2. Die Avocadospalten zuerst von allen Seiten im Joghurt wenden und mit Salz, Pfeffer und Chiliflocken bestreuen. Danach in den Cornflakes wenden und auf ein mit Backpapier ausgelegtes Backblech verteilen. Im Backofen 20 Minuten knusprig backen. Nach der Hälfte der Zeit die Spalten einmal wenden.

3. In der Zwischenzeit die Kirschtomaten waschen und in Scheiben schneiden. Den Rucola waschen und trockenschütteln. Die Bagels halbieren. Die Hälften großzügig mit der Zitronen-Cashew-Mousse bestreichen. Mit Tomatenscheiben und Rucola belegen. Die Avocado-Fritten aus dem Backofen nehmen, darauf verteilen und servieren.

ARTISCHOCKEN-ZITRONEN-BUTTER-BAGUETTE

◆

Die gekaufte Variante mit Kräuterbutter diente mir in jüngeren Jahren
des Öfteren als schnell zubereitete Mahlzeit. Ich schwelge in
Erinnerungen und belebe das Kräuterbutter-Baguette mit dieser schnell
zubereiteten Variante neu.

ZUTATEN

Für 1 Baguette
Zubereitungszeit: 20 Minuten

1 Knoblauchzehe
½ unbehandelte Zitrone
30 g Pinienkerne
130 g eingelegte Artischockenherzen
2 EL gehackte Petersilie
3 EL geriebener Parmesan
50 ml Olivenöl
25 g Butter
Salz
frisch gemahlener Pfeffer
1 Baguette

Tipp

Die Artischocken-Zitronen-Butter
ist auch mit einer Portion Pasta ein Genuss.

1. Den Backofen auf 180 °C (Umluft) vorheizen. Für die Artischocken-Zitronen-Butter die Knoblauch-zehe abziehen und würfeln. Die Zitrone heiß abspülen, den Saft auspressen und die Schale abreiben. Die Pinienkerne in einer Pfanne ohne Öl rösten und mit dem Knoblauch, den Artischo-ckenherzen, der Petersilie, dem Parmesan, dem Olivenöl, der Butter, dem Zitronensaft und –abrieb fein pürieren. Mit Salz und Pfeffer abschmecken.

2. Das Baguette jeweils im Abstand von etwa 3 cm mehrfach einschneiden und mit einem Messer großzügig mit der Artischocken-Zitronen-Butter füllen. Das Baguette auf ein mit Backpapier ausgelegtes Backblech legen und im Backofen für 5–7 Minuten knusprig backen. Herausnehmen und servieren.

*Für die
vegane Variante:*
Pflanzliche Butter verwenden.
Anstatt Parmesan etwas mehr
Pinienkerne nehmen und
mit Hefeflocken
würzen.

HERZHAFTER FRENCH TOAST

◆

In Deutschland ist diese süße Speise eher bekannt unter dem Namen
»Arme Ritter«. Da mir der Sinn jedoch nach etwas Pikantem und
Herzhaftem stand, entstand dieses vegane Rezept, das geschmacklich in
die orientalische Küche führt.

ZUTATEN
Für 8 Toasts
Zubereitungszeit: 40 Minuten

100 g Kichererbsenmehl
100 g Weizenmehl
1 TL gemahlener Ingwer
1 TL gemahlener Koriander
1 TL Kurkumapulver
2 TL Currypulver
½ gelbe Paprika

1 kleine Zwiebel
1 kleine Chilischote
½ Bund Petersilie
Salz
frisch gemahlener Pfeffer
8 Scheiben Toastbrot
   (siehe Rezept Seite 150)
8 EL Olivenöl

1. Für den Teig das Kichererbsen- und Weizenmehl mit den Gewürzen in einer Schüssel vermengen. 300 ml lauwarmes Wasser zufügen und zu einem glatten Teig verrühren. Beiseitestellen.

2. Die Paprika waschen, entstielen, entkernen und fein würfeln. Die Zwiebel abziehen und fein würfeln. Die Chilischote längs halbieren, Stiel, Kerne und Zwischenwände entfernen und fein würfeln. Die Petersilie waschen, trockenschütteln und fein hacken. Alle Zutaten unter den Teig rühren und mit Salz und Pfeffer abschmecken.

3. Die Toastscheiben sorgfältig durch den Teig ziehen. Eventuell mit einem Löffel noch etwas Teig darauf verteilen.

4. Den Backofen auf 50 °C (Umluft) vorheizen. 1 EL Olivenöl in einer Pfanne erhitzen. Eine Toast-scheibe von beiden Seiten knusprig braun braten, herausnehmen und im Backofen warmhalten. Mit den restlichen Scheiben genauso verfahren.

NO-TUNA-SANDWICH

◆

Thunfisch kommt mir nicht auf den Tisch. Aber dennoch verlangt es mich manchmal nach dem cremigen Geschmackserlebnis, welches mit einem Thunfisch-Sandwich einhergeht. Zum Glück lässt sich dies auch ohne die tierische Hauptzutat kreieren.

ZUTATEN
Für 2 Sandwiches
Zubereitungszeit: 20 Minuten

1 Dose Kichererbsen (Abtropfgewicht 240 g)
4 EL Mandel-Mayonnaise (siehe Rezept Seite 124)
2 Frühlingszwiebeln
2 Essiggurken
2 TL Dillspitzen
2 TL Tamari
1 TL Paprika-Chili-Würzsauce (siehe Rezept Seite 115)
Salz
frisch gemahlener Pfeffer
6 Scheiben Toastbrot (siehe Rezept Seite 150)
4 EL Ketchup
einige Blätter Eisbergsalat

1. Die Kichererbsen in einem Sieb abtropfen lassen. Mit der Mayonnaise mit einer Gabel oder einem Kartoffelstampfer gut zerdrücken, bis eine grobe Masse entsteht. Die Frühlingszwiebeln putzen, waschen und in feine Ringe schneiden. Die Essiggurken klein würfeln. Beides mit der Kichererbsenmasse verrühren. Dillspitzen, Tamari und Chilisauce unterheben, mit Salz und Pfeffer abschmecken.

2. Das Brot toasten, vier Scheiben mit jeweils 1 EL Ketchup bestreichen und mit etwas Eisberg-salat belegen. Darauf die Kichererbsenmasse verteilen. Jeweils zwei belegte Toasts aufeinander-legen und mit einer letzten Scheibe Toast abdecken, sodass zwei dreistöckige No-Tuna-Sandwiches entstehen.

Serviertipp: Die Toasts mit einem scharfen Messer diagonal durchschneiden und, mit einem Zahnstocher fixiert, anrichten.

MANCHEGO-QUESADILLA
MIT WEISSE-BOHNEN-KAPERN-DIP

◆

Quesadilla zählt zum mexikanischen Fast Food und besteht hauptsächlich,
wie der Name es uns auch sagt, aus Käse (spanisch: queso)
und Tortilla. Ich verwende den spanischen Schafskäse Manchego,
den man an gut sortierten Käsetheken erhält.
Wer eine Alternative sucht, darf auf Gouda zurückgreifen.

ZUTATEN
Für 3 Stück
Zubereitungszeit: 15 Minuten

150 g Manchego
½ Bund Schnittlauch
6 Weizentortillas (siehe Rezept Seite 138)
1 Portion Weiße-Bohnen-Kapern-Dip (siehe Rezept Seite 112)
Öl zum Braten

1. Den Manchego reiben. Den Schnittlauch waschen, trockenschütteln und in Röllchen schneiden.

2. Drei Weizentortillas mit dem Bohnen-Kapern-Dip bestreichen und den geriebenen Käse sowie die Schnittlauchröllchen darüberstreuen. Mit den restlichen Tortillas zudecken. Etwas Öl in einer Pfanne erhitzen. Die Tortillas nacheinander von beiden Seiten knusprig braten. Die Quesadillas vierteln und servieren.

◣

Tipp

Für mehr Würze das Koriander-Minze-Chutney
(siehe Rezept Seite 118) als Dip dazu reichen.

LINSEN-DAL-BURRITO

◆

Ohne viel Aufwand und Zeit lässt sich dieser Burrito zaubern.
Die roten Linsen sind ein hervorragender Eisenlieferant.

ZUTATEN
Für 4 Stück
Zubereitungszeit: 25 Minuten

1 Zwiebel

1 Knoblauchzehe

1 EL Olivenöl

2 EL Tomatenmark

½ TL gemahlener Koriander

½ TL gemahlener Ingwer

½ TL Curry

½ TL Kurkumapulver

1 TL Chilipulver

150 g rote Linsen, gewaschen

250 ml Kokosmilch

400 ml stückige Tomaten (aus der Dose)

1 rote Peperoni

Salz

frisch gemahlener Pfeffer

4 Weizentortillas (siehe Rezept Seite 138)

einige Blätter Eisbergsalat

½ Bund Koriander

150 g Mais (aus der Dose)

200 g saure Sahne

1. Die Zwiebel und den Knoblauch abziehen und fein würfeln. Olivenöl in einem kleinen Topf erhitzen. Die Zwiebel- und Knoblauchwürfel anschwitzen. Das Tomatenmark sowie die Gewürze zufügen und kurz mit anrösten. Die Linsen unterrühren und mit der Kokosmilch und den Tomaten ablöschen.

2. Die Peperoni waschen, Kerne und Zwischenwände entfernen, klein schneiden und in einem kleinen Topf bei mittlerer Temperatur 15 Minuten unter häufigem Rühren köcheln lassen. Mit Salz und Pfeffer abschmecken.

3. Die Weizentortillas im Backofen erwärmen. Den Eisbergsalat und den Koriander waschen und trockenschütteln. Den Mais in einem Sieb abtropfen lassen.

4. Die Weizentortillas aus dem Backofen nehmen, mit den Salatblättern belegen, mit saurer Sahne und 4–5 EL der Linsenmasse bestreichen. Mais und Koriander darüberstreuen und nach »Burrito-Art« zusammenrollen.

Für die vegane Variante:
Die saure Sahne durch Zitronen-Cashew-Mousse (siehe Rezept Seite 111) oder Pflanzlichen Joghurt ersetzen.

KNUSPER KRETA

◆

Feta und Oliven – ein unschlagbares Traumpaar.
Zusammen mit weiteren Zutaten eines griechischen Salats entsteht
daraus dieses herrliche Sandwich mit Mittelmeerflair.

ZUTATEN
Für 4 Portionen
Zubereitungszeit: 45 Minuten

4 Eier
12 EL Mehl
160 g Paniermehl
2 Stücke Feta à 150 g
16 Kirschtomaten
1 gelbe Paprika
160 g gemischte Oliven ohne Stein
1 Portion Avocado-Knoblauch-Dip (siehe Rezept Seite 120) oder Zaziki
1 Bund Schnittlauch
6 EL Olivenöl
1 Fladenbrot (siehe Rezept Seite 142)
12 Blätter Kopfsalat

1. Eier in einer flachen Schüssel verquirlen. Das Mehl und das Paniermehl jeweils auf einen Teller streuen. Den Feta einmal quer und einmal längs halbieren. Die Stücke zuerst im Mehl wenden, dann durch das Ei ziehen und mit Paniermehl umhüllen. Die panierten Stücke in den Kühlschrank stellen.

2. In der Zwischenzeit die Kirschtomaten waschen und halbieren. Paprika waschen, weiße Rippen, den Stiel, die Kerne entfernen und in Streifen schneiden. Oliven fein hacken und unter den Avocado-Knoblauch-Dip oder das Zaziki rühren. Schnittlauch waschen, trockenschütteln und in kleine Ringe schneiden.

3. Den Feta aus dem Kühlschrank nehmen. Das Olivenöl in einer Pfanne erhitzen, den Feta von beiden Seiten goldgelb braten. Das Fladenbrot vierteln, aufschneiden und mit den Salatblättern, der Paprika, dem Feta, den Kirschtomaten und dem Schnittlauch belegen. Mit dem Dip oder Zaziki beträufeln und servieren.

FALAFELPATTY-SANDWICH
MIT ROHKOST-TABOULÉ

◆

*Das ist meine Version eines Falafel-Sandwichs: Ich brate die
Kichererbsen-Bällchen als Patties in der Pfanne an und serviere sie mit
Petersiliensalat und Limetten-Minze-Dill-Dip (siehe Rezept Seite 106).*

ZUATEN
Für 4 Sandwiches
Zubereitungszeit: 30 Minuten

FÜR DAS ROHKOST-TABOULÉ
1 Bund glatte Petersilie
½ Bund Minze
200 g Blumenkohlröschen (etwa ¼ Blumenkohl)
100 g Kirschtomaten
3 Frühlingszwiebeln
½ unbehandelte Zitrone
3 EL Olivenöl
1 EL Honig oder Agavendicksaft
Salz
frisch gemahlener Pfeffer

FÜR DIE FALAFEL
1 kleine rote Zwiebel
1 Knoblauchzehe
1 Dose Kichererbsen (Abtropfgewicht 240 g)
1 TL Harissa–Paste
1 TL gemahlener Koriander
1 TL gemahlener Ingwer
1 TL Kreuzkümmel
Salz
frisch gemahlener Pfeffer
3 EL Olivenöl

AUSSERDEM
4 Kräuter-Pitas (siehe Rezept Seite 140)
einige Blätter Eisbergsalat
1 Portion Limetten-Minze-Dill-Dip (siehe Rezept Seite 106), vegane Variante

1. Für das Taboulé die Petersilie und die Minze waschen und trockenschütteln. Beides mit dem Blumenkohl in einem Mixer gleichmäßig zerkleinern. Die Tomaten vierteln, die Frühlingszwiebeln putzen und in feine Ringe schneiden. Die Zitrone heiß abspülen, auspressen und die Schale abreiben. Alles mit dem Olivenöl und dem Honig oder Agavendicksaft vermengen. Salzen und pfeffern.

2. Für die Patties die Zwiebel und den Knoblauch abziehen. Die Kichererbsen in einem Sieb abtropfen lassen. Mit den Gewürzen im Mixer zu einer gleichmäßigen Masse zerkleinern. Salzen und pfeffern und acht Patties formen. Das Olivenöl in einer Pfanne erhitzen. Die Patties bei hoher Temperatur von beiden Seiten jeweils 3 Minuten knusprig braten.

3. Für die Sandwiches die Kräuter-Pitas aufschneiden. Den Salat waschen und trockenschütteln. Die Pitas mit Salat, Taboulé, zwei Patties und Dip füllen und servieren.

Tipp

Mit dem restlichen Blumenkohl lassen sich
Blumenkohlschnitzel zubereiten. Dafür einfach
den Blumenkohl in Scheiben schneiden und in
kochendem Salzwasser al dente kochen.
Panieren und in einer Pfanne kross braten.

KARIBISCHE FRÜHLINGSROLLEN

Die vietnamesische Frühlingsrolle wird im Gegensatz zu der hierzulande bekannteren chinesischen Version nicht mit Weizenteig ummantelt frittiert, sondern in Reispapier eingewickelt und gerne auch unfrittiert gegessen. Sie lässt sich dadurch schneller zubereiten und die Wohnung riecht nicht nach Frittiertem. Toll für gemeinsame Kochabende.

ZUTATEN

Für 6 Rollen
Zubereitungszeit: 30 Minuten

100 g Glasnudeln
½ unbehandelte Zitrone
1 Avocado
1 rote Paprika
8-10 Blätter Kopfsalat
1 Bund Schnittlauch
1 Handvoll gesalzene Erdnusskerne
6 Blätter Reispapier (Durchmesser 22 cm)
1 Portion Mango-Kokos-Sauce (siehe Rezept Seite 132) oder saure Sahne

1. Die Glasnudeln nach Packungsanweisung zubereiten. Den Saft der Zitrone auspressen. Die Avocado halbieren, den Kern sowie die Schale entfernen und das Fruchtfleisch in dünne Scheiben schneiden. Mit dem Zitronensaft beträufeln und beiseitestellen.

2. Die Paprika waschen, halbieren, Kerne und Strunk entfernen und fein würfeln. Die Salatblätter und den Schnittlauch waschen und trockenschütteln. Den Salat in Streifen schneiden, die Erdnüsse grob hacken.

3. Ein Blatt Reispapier für einige Sekunden von beiden Seiten in lauwarmes Wasser tauchen – am besten füllt man dafür einen großen Teller oder eine Pfanne mit Wasser. Dann zügig arbeiten: Das Blatt auf eine glatte Oberfläche legen. Zuerst mit Salat und Reisnudeln, dann mit Avocado und Paprika belegen. Großzügig Sauce oder saure Sahne und gehackte Erdnüsse darüber verteilen. Vorsichtig zusammenrollen, dabei jeweils einige Stängel Schnittlauch mit einrollen, sodass die Spitzen noch herausschauen, und servieren.

Für die
vegane Variante:
Anstatt Pecorino mehr
Paniermehl zufügen und mit
2 TL Hefeflocken würzen.
Ei-Ersatz siehe Seite 11.

AUSTERNPILZ-SCHNITZEL-BRÖTCHEN

◆

Die Neuinterpretation des bekannten Imbissbuden-Klassikers.
Knusprig lecker! Auch ohne Brötchen, mit Beilage und Salat ein
wahrhafter Genuss.

ZUTATEN
Für 2 Brötchen
Zubereitungszeit: 30 Minuten

25 g Pinienkerne
40 g Pecorino
40 g Paniermehl
1 TL Rosmarin
2 Eier
250 g Austernpilze
etwas Weizenmehl
6 EL Olivenöl
Salz
frisch gemahlener Pfeffer
1 Handvoll Kopfsalatblätter
2 Burger-Brötchen (siehe Rezept Seite 145)
4 EL Kräuter-Gürkchen-Remoulade (siehe Rezept Seite 126)

1. Die Pinienkerne in einer Pfanne ohne Öl rösten. Abkühlen lassen und grob hacken. Den Pecorino fein reiben und mit Paniermehl, Rosmarin sowie Pinienkernen mischen. Die Eier verquirlen. Die Austernpilze putzen, in Mehl wenden, durch die verquirlten Eier ziehen und von allen Seiten mit der Rosmarin-Panade bedecken.

2. Das Olivenöl in einer großen Pfanne erhitzen und die Austernpilz-Schnitzel von beiden Seiten etwa 3 Minuten goldbraun anbraten. Dabei salzen und pfeffern.

3. Die Salatblätter waschen und trockenschütteln. Die Brötchen aufschneiden. Die Hälften mit der Kräuter-Gürkchen-Remoulade bestreichen, mit dem Salat und den Schnitzeln belegen, zusammenklappen und genießen.

PFIFFERLING-DÖNER

◆

Pfifferlinge sind hier die Stars. Sie sind extrem fett- und kalorienarm
und dabei reich an Ballaststoffen. So wird man genussvoll satt.

ZUTATEN
Für 4 Döner
Zubereitungszeit: 30 Minuten

300 g Pfifferlinge
1 Zwiebel
3 EL Olivenöl
2 EL Gyrosgewürz (siehe Rezept rechts)
Salz
frisch gemahlener Pfeffer
1–2 Tomaten
¼ Salatgurke
½ Bund glatte Petersilie
¼ Rotkohl
4 Kräuter-Pitas (siehe Rezept Seite 140)
1 Portion Avocado-Knoblauch-Dip
   (siehe Rezept Seite 120), vegane Variante

FÜR DAS GYROSGEWÜRZ
½ TL Räuchersalz
½ TL Kurkumapulver
2 TL Oregano
1 TL Thymian
½ TL Paprikapulver
¼ TL Rosmarin
1 Prise Zimt
1 Prise Kreuzkümmel

1. Für das Gyrosgewürz alle Zutaten miteinander vermengen. Die Pfifferlinge putzen und je nach Größe eventuell halbieren oder vierteln. Die Zwiebel abziehen, längs halbieren und in dünne Scheiben schneiden.

2. Das Olivenöl in einer Pfanne erhitzen und die Hälfte der Zwiebelscheiben sowie die Pfifferlinge bei hoher Temperatur von allen Seiten scharf anbraten. Das Gyrosgewürz zufügen und 8-10 Minuten bei mittlerer Temperatur unter mehrmaligem Rühren weiterbraten. Mit Salz und Pfeffer abschmecken.

3. Die Tomaten und die Salatgurke waschen und in dünne Scheiben schneiden. Die Petersilie waschen, trockenschütteln und grob zupfen. Den Rotkohl waschen und in Streifen schneiden.

4. Die Kräuter-Pitas aufschneiden und die Knoblauchsauce darin verstreichen. Eine kleine Schicht Rotkohl, Pfifferlinge, Petersilie, Zwiebeln, Tomaten und einige Scheiben Salatgurke darauf verteilen. Zum Schluss die restliche Knoblauchsauce auf dem Belag verteilen und servieren.

PFLÜCKBRÖTCHEN

◆

Diese Brötchen im Schachbrett-Muster sollten weder mit Messer und Gabel, noch im Ganzen gegessen werden. Einfach Stück für Stück herauspflücken und Biss für Biss genießen.

ZUTATEN
Für 4 Brötchen
Zubereitungszeit: 30 Minuten

1 Handvoll Basilikum
100 ml Olivenöl
Salz
frisch gemahlener Pfeffer
4 Brötchen
100 g Emmentaler
80 g schwarze Oliven ohne Stein
½ gelbe Paprika
2 EL Schnittlauchröllchen

1. Den Backofen auf 180 °C (Umluft) vorheizen. Für das Basilikumöl die Basilikumblätter waschen, trockenschütteln und mit dem Olivenöl im Mixer pürieren. Mit Salz und Pfeffer abschmecken.

2. Die Brötchen etwa daumenbreit längs und quer einschneiden. Nicht durchschneiden! Drei Viertel des Basilikumöls in die Zwischenräume verteilen.

3. Den Emmentaler reiben, die Oliven hacken. Die Paprika waschen, entkernen und fein würfeln. Die Zwischenräume der Brötchen mit Käse, Paprika und Oliven füllen. Die Schnittlauchröllchen darüberstreuen und mit dem restlichen Öl beträufeln.

4. Im Backofen 15 Minuten backen, herausnehmen und servieren.

Für die
vegane Variante:
Veganen Käse verwenden.

POMMES, FINGERFOOD & CO.

Wer die klassischen Pommes mit Paprikapulver und Salz satt hat, wird in diesem Kapitel fündig.

Aber auch kleine Snacks oder sättigendes Fingerfood, das mit einem grünen Salat auch als Hauptspeise beeindrucken kann, warten hier darauf, nachgekocht zu werden.

KICHERNDE RÖSTERBSEN

Nicht nur die allseits beliebten Chips leisten gute Dienste als Knabberei zu Film, Fernsehen oder einem guten Buch. Die mit nur wenig Aufwand zubereiteten gerösteten Kichererbsen machen mindestens genauso süchtig, ohne dabei das Gewissen zu belasten.

ZUTATEN
Für 4 Portionen
Zubereitungszeit: 50 Minuten

2 Dosen Kichererbsen (Abtropfgewicht 240 g)
2 EL Olivenöl
½ unbehandelte Zitrone
1 TL Chilipulver
1 TL Kurkumapulver
1 TL Ingwerpulver
1 TL Cayennepfeffer
1 TL Agavendicksaft
Salz

1. Den Backofen auf 180 °C (Umluft) vorheizen. Die Kichererbsen in einem Sieb gut abtropfen lassen und zwischen zwei Lagen Küchenpapier trockentupfen. Mit den restlichen Zutaten in einer Schüssel mischen und mit Salz abschmecken.

2. Die Kichererbsen auf ein Backblech oder in einer großen Auflaufform verteilen. 40 Minuten im Backofen knusprig backen, nach 20 Minuten einmal gründlich durchmischen. Herausnehmen und servieren.

Tipp
Probieren Sie diese knusprigen Bällchen
doch mal als Croûtons im Salat.

FEURIGE TOMATEN-ZIMT-POMMES

◆

Tomatig, zimtig, scharf! Perfekt, wenn man eine Alternative zum klassischen Pommesgewürz sucht.

ZUTATEN

Für 2 Portionen
Zubereitungszeit: 45 Minuten

750 g festkochende Kartoffeln
2 EL Olivenöl
1 EL Tomatenmark
1 TL Zimt
1 TL Cayennepfeffer
1 TL getrocknetes Basilikum
Salz

Tipp

Wer Zimt nur mit Weihnachten verbindet und für den Sommer eine alternative Sauce sucht, sollte es mit Olivenöl, italienischen Kräutern, Zitronensaft und geriebener Zitronenschale probieren.

1. Den Backofen auf 180 °C (Umluft) vorheizen. Die Kartoffeln schälen, in Stäbchen mit einem Durchmesser von etwa 1 cm schneiden und für 10 Minuten in eine Schüssel mit kaltem Wasser geben.

2. Für die Sauce Olivenöl, Tomatenmark, Zimt, Cayennepfeffer und Basilikum gut verrühren. Die Kartoffelstäbchen in einem Sieb abtropfen lassen und sorgfältig mit der Sauce in einer Schüssel vermengen.

3. Die Kartoffeln auf ein mit Backpapier ausgelegtes Backblech verteilen. 30 Minuten im Backofen goldbraun backen, nach 15 Minuten wenden. Vor dem Servieren nach Belieben salzen.

Dip-Tipp: Ich empfehle Mandel-Mayonnaise (siehe Rezept Seite 124).

SÜSSKARTOFFEL-PAKORA

◆

Pakora stammt ursprünglich aus Indien und besteht grundsätzlich aus einer Hauptzutat. Diese wird in Kichererbsenmehl sowie Gewürzen gewendet, in Öl frittiert und als Beilage oder Snack serviert. Besonders in England gilt Pakora als beliebter Fast-Food-Snack und stellt eine schmackhafte Alternative zu Pommes frites dar.

ZUTATEN
Für 2 Portionen
Zubereitungszeit: 30 Minuten

150 g Kichererbsenmehl
1 TL Cayennepfeffer
1 TL Kurkumapulver
1 TL Salz
1 TL Schwarzkümmel
2 Frühlingszwiebeln
300 g Süßkartoffeln
500 ml Rapsöl

1. Das Kichererbsenmehl mit 170 ml lauwarmem Wasser, dem Cayennepfeffer, dem Kurkuma-pulver, dem Salz und dem Schwarzkümmel glatt rühren. Die Frühlingszwiebeln putzen, waschen, längs halbieren, klein schneiden und unter den Teig rühren. Die Süßkartoffeln schälen und in 3 mm dünne Scheiben schneiden.

2. Das Rapsöl in einem hohen Topf oder in der Fritteuse erhitzen. Die Süßkartoffelscheiben durch den Teig ziehen und goldgelb ausbacken. Herausnehmen, auf Küchenpapier abtropfen lassen und servieren.

Dip-Tipp: Zum Dippen empfehle ich das Blitz-Muhammara (siehe Rezept Seite 108).

Für die
vegane Variante:
Den Käse durch veganen
Streukäse ersetzen oder
ersatzlos streichen.

KARTOFFELSPALTEN

IM ROSMARIN-PARMESAN-MANTEL

◆

Die Würzung dieser pommesähnlichen Beilage besteht klassischerweise aus Salz, Pfeffer und Paprikapulver. Ich nehme stattdessen Rosmarin und Parmesan. Durch die Zugabe von Paniermehl werden sie besonders knusprig. Die Kartoffelspalten werden gerne auch als »Country Potatoes« bezeichnet.

ZUTATEN

Für 2 Portionen
Zubereitungszeit: 45 Minuten

500 g festkochende Kartoffeln
3 EL Olivenöl
20 g Paniermehl
3 TL getrockneter Rosmarin
20 g Parmesan
Salz
frisch gemahlener Pfeffer

1. Den Backofen auf 180 °C (Umluft) vorheizen. Die Kartoffeln schälen, in Achtel schneiden und waschen. Mit einem Tuch trockentupfen und in eine Schüssel geben. Das Olivenöl, das Paniermehl sowie den Rosmarin zufügen und den Parmesan fein darüberreiben. Sorgfältig vermengen und dabei je nach Geschmack salzen und pfeffern.

2. Die Kartoffelspalten auf ein mit Backpapier ausgelegtes Backblech verteilen. Die eventuell verbleibende Panade auf den Schnittflächen verteilen und festdrücken. 30 Minuten im Backofen knusprig backen, herausnehmen und servieren.

Dip-Tipp: Zum Dippen empfehle ich den Avocado-Knoblauch-Dip (siehe Rezept Seite 120).

»HASSELBACK«-KARTOFFELN
MIT LIMETTEN-PARMESAN-DILL-TOPPING

◆

Diese Beilage ist vor allem in den USA sehr beliebt. Erfunden wurde sie aber in dem Stockholmer Restaurant »Hasselbacken«. Das schwedische Gericht wird mit gleichmäßig geformten Kartoffeln perfekt.

ZUTATEN
Für 6 Portionen
Zubereitungszeit: 1 Stunde

40 g Pecorino	40 g Paniermehl
20 g Pinienkerne	8 EL Olivenöl
1 unbehandelte Limette	Salz
1 Knoblauchzehe	frisch gemahlener Pfeffer
½ Bund Dill	6 große festkochende Kartoffeln

1. Den Backofen auf 200 °C (Umluft) vorheizen. Den Pecorino fein reiben. Die Pinienkerne grob hacken. Die Limette heiß abspülen, auspressen und die Schale abreiben. Die Knoblauchzehe abziehen und fein würfeln. Den Dill waschen, trockenschütteln, die Spitzen abtrennen und fein hacken. Alles mit dem Paniermehl und 4 EL Öl vermengen. Salzen und pfeffern.

2. Die Kartoffeln schälen. Auf den länglichen Seiten der Kartoffeln ein schmales Stück abschneiden, sodass sie darauf stehen können. Die Kartoffeln im Abstand von 5 mm quer einschneiden. Am einfachsten gelingt dies, wenn man links und rechts der Kartoffeln ein Essstäbchen legt und bis zum Widerstand schneidet. Es funktionieren auch andere längliche Gegenstände mit einem Durchmesser von etwa 1 cm als Abstandhalter.

3. Die Kartoffeln unter kaltem Wasser abspülen und vorsichtig biegen, sodass diese sich auffächern und möglichst viel Stärke ausgewaschen wird. Mit Küchentuch trockentupfen. Die Füllung mit einem Buttermesser in die Spalten der Kartoffeln streichen. In einer Auflaufform verteilen, mit dem restlichen Öl beträufeln und 45 Minuten im Backofen backen. Herausnehmen und mit Dill und Limette servieren.

Tipp

Als Füllung schmeckt auch eine einfache
Kräuterbutter oder Artischocken-Zitronen-Butter
(siehe Rezept Seite 22). Davon lassen sich
im gekühlten Zustand einfach Spalten
abschneiden, die man in die Kartoffelschlitze
legen kann.

HASSELBACK

*Für die
vegane Variante:*
Den Parmesan durch veganen
Streukäse ersetzen oder
ersatzlos streichen.

SPARGEL-FRITTEN

◆

Jedes Jahr freue ich mich auf die Spargelzeit. Aber schnell ist
das Repertoire an Spargelrezepten durchgeackert.
Für diesen Fall habe ich hier ein außergewöhnliches Spargelrezept
parat – herrlich frischer grüner Spargel, knusprig paniert
und im Backofen gebacken.

ZUTATEN
Für 2 Portionen
Zubereitungszeit: 40 Minuten

1 Bund grüner Spargel
3 EL Olivenöl
1 TL Agavendicksaft
Salz
frisch gemahlener Pfeffer
40 g Panko
40 g Parmesan

1. Den Backofen auf 200 °C (Umluft) vorheizen. Den Spargel waschen, das untere Drittel schälen und die Stangen halbieren. Eventuell holzige Stücke entfernen. Die Spargelstücke mit dem Olivenöl, dem Agavendicksaft, Salz und Pfeffer in einer großen Schüssel vermengen.

2. Den Spargel in einer separaten Schüssel mit dem Panko panieren und auf ein mit Backpapier ausgelegtes Backblech verteilen. Den Parmesan über die Spargelstangen reiben, 20 Minuten im Backofen backen, herausnehmen und servieren.

FETA-COOKIES

◆

Diese kleinen Dinger sehen zwar aus wie schokoladige Butterkekse, sie sind jedoch ein salzig, herzhafter Snack, der süchtig macht. Ob als Fingerfood-Überraschung auf einer Party oder Snack für unterwegs, ist hierbei Ihnen überlassen.

ZUTATEN
Für etwa 20 Cookies
Zubereitungszeit: 30 Minuten plus Ruhezeit

½ unbehandelte Zitrone
100 g Feta
30 g kalte Butter
30 g entsteinte schwarze Oliven
1 TL Kapern
60 g Weizenmehl
Salz
frisch gemahlener Pfeffer

1. Die Zitrone heiß abspülen, trockentupfen und die Schale abreiben. Den Feta klein würfeln und zusammen mit der Butter, derZitronenschale, den Oliven und den Kapern in der Küchenmaschine zu einer homogenen Masse pürieren. Das Weizenmehl zufügen und erneut mixen, bis sich alles gleichmäßig verteilt hat. Mit Salz und Pfeffer abschmecken.

2. Den Teig mit bemehlten Händen auf einer mit Mehl bestaubten Arbeitsfläche zu einer etwa 5 cm dicken Rolle formen. Die Rolle in Backpapier einwickeln und für 30 Minuten in den Gefrierschrank legen.

3. Den Backofen auf 180 °C (Umluft) vorheizen. Die Rolle aus dem Gefrierschrank nehmen, das Backpapier entfernen und mit einem scharfen Messer in etwa 2 cm dicke Scheiben schneiden. Diese auf ein mit Backpapier ausgelegtes Backblech legen. 20 Minuten im Backofen goldbraun backen, herausnehmen und servieren.

CHILI-BEAN-ROLLS

◆

Außen knusprig, innen cremig. Als Füllung für diese kleinen Röllchen kann zwar so ziemlich jeder Dip verwendet werden, aber nur mit meinem Chili-Kidneybohnen-Dip verdienen sie sich den wohlklingenden Namen »Chili-Bean-Rolls«.

ZUTATEN
Für 10 Röllchen
Zubereitungszeit: 35 Minuten

10 Scheiben Toastbrot (siehe Rezept Seite 150)
10 EL Chili-Kidneybohnen-Dip (siehe Rezept Seite 116)
2 EL Margarine

1. Die Ränder der Toastscheiben abschneiden und die Toasts mit einem Teigroller vorsichtig so flach wie möglich rollen. Auf jede Toastscheibe 1 EL Chili-Kidneybohnen-Dip verstreichen. Die bestrichenen Scheiben eng zusammenrollen.

2. Die Margarine in einer großen Pfanne erhitzen. Die Rollen nacheinander von allen Seiten knusprig braun braten. Auf Küchenpapier abtropfen lassen und servieren.

Tipp

Die abgeschnittenen Toastränder nicht wegschmeißen. Daraus lassen sich knusprige Croûtons zubereiten.

SMUSHI
MIT VEGANEM METT

◆

*Die dänische Erfindung Smushi vereint das »Smørrebrød« mit dem
japanischen Sushi. Das Ergebnis ist Fingerfood, dem keine Grenzen
gesetzt sind. Getoppt werden die kleinen Brote mit meiner Version von
veganem Mett. Wer keinen gepufften Reis findet, darf auch
kleingebröselte Reiswaffeln nehmen.*

ZUTATEN
Für 16 Stück
Zubereitungszeit: 25 Minuten

100 ml Gemüsebrühe

2 EL Tomatenmark

1 EL Ketchup

1 EL Olivenöl

1 EL Weißweinessig

1 TL Currypulver

1 TL Agavendicksaft

50 g gepuffter Reis (Bio-Laden)

1 Stange Staudensellerie

½ Zwiebel

1 kleine Tomate

½ Bund glatte Petersilie

Salz

4 Scheiben Knäckebrot

frisch gemahlener Pfeffer

½ Schale Kresse

1. Für das vegane Mett die Gemüsebrühe mit dem Tomatenmark, dem Ketchup, dem Olivenöl, dem
Essig, dem Currypulver und dem Agavendicksaft verrühren und unter den gepufften Reis heben.

2. Die Selleriestange waschen und schälen. Die Zwiebel abziehen und mit dem Sellerie im Mixer
zerkleinern oder mit einem Messer fein würfeln. Die Tomate waschen und ebenfalls fein würfeln.
Die Petersilie waschen, trockenschütteln und klein hacken. Alles mit dem Reis verrühren und mit
Salz abschmecken.

3. Das Knäckebrot vorsichtig mit einem scharfen Messer in vier Stücke schneiden. Auf jedes
Stück 1 EL Mett verteilen, ein wenig groben Pfeffer darüberstreuen, mit Kresse dekorieren und
servieren.

BURGER & CO.

Er zählt zum bekanntesten Fast Food überhaupt und bei seiner Herkunft scheiden sich die Geister – der Burger.

Manche behaupten, er stamme aus der Hansestadt Hamburg, für andere wiederum ist er eine Erfindung aus den Vereinigten Staaten. Aber eines ist klar: Er schmeckt fast allen. Und dass die vegetarischen Versionen mehr sind als nur Grünkernbratling und Vollkornbrötchen möchte ich mit dem folgenden Kapitel beweisen.

PILZ-WALNUSS-BURGER
MIT RADICCHIO & GORGONZOLA

◆

Dieser herbstliche Burger verschönert die trübe Jahreszeit mit seinem
würzigen und erdigen Geschmack – auch mit anderen Pilzsorten ...

ZUTATEN
Für 2 Burger
Zubereitungszeit: 30 Minuten

50 g Walnusskerne
1 Zwiebel
1 Knoblauchzehe
250 g braune Champignons
3 EL Olivenöl
50 g Gorgonzola
100 g Schmand
1 reife Birne

½ Bund Petersilie
100 g Paniermehl
1 Ei
Salz
frisch gemahlener Pfeffer
2 Burger-Brötchen (siehe Rezept Seite 145)
einige Blätter Radicchio

1. Die Walnüsse in einer Pfanne ohne Öl rösten. Die Zwiebel und den Knoblauch abziehen und fein würfeln. Die Champignons putzen und in einem Mixer zerkleinern. In einer Pfanne 2 EL Öl erhitzen. Die Zwiebel sowie den Knoblauch anschwitzen und die Pilzmasse etwa 10 Minuten unter Rühren mit anbraten. Den Gorgonzola und den Schmand in einem Topf erhitzen, gelegentlich umrühren.

2. Die Birne waschen, halbieren, entkernen und in dünne Spalten schneiden. Die Petersilie waschen, trockenschütteln und mit den Walnüssen im Mixer zerkleinern. Mit der Pilzmasse, dem Paniermehl sowie dem Ei vermischen, salzen, pfeffern und zwei gleich große Bratlinge formen. Das restliche Öl in einer Pfanne erhitzen. Die Bratlinge beidseitig knusprig braten.

3. Die Brötchen aufschneiden und unter dem Grill kurz rösten. Radicchio waschen und trockenschütteln. Die Brötchenunterteile mit jeweils einem Bratling, Radicchio und Birnenspalten belegen. Gorgonzolasauce darüber verteilen, mit den Oberteilen abschließen und servieren.

Für die
vegane Variante:
Einfach das Ei ersetzen
(siehe Seite 11). Anstatt der
Gorgonzolasauce passt auch
eine vegane Knoblauchsauce
(siehe Seite 120).

ROCHUS-BURGER

Eine herbstliche Liebeserklärung an meine Heimat.
Hier vereint sich der nussige und herzhafte Geschmack von Hokkaido
mit der süßen Säure von Apfel und cremigem Maronenpüree.
Die Kräutermarinade und die hocharomatische Note von dem mit
Kürbiskernöl angemachten Feldsalat runden das Geschmackserlebnis
dieses extravaganten Burgers ab.

ZUTATEN
Für 2 Burger
Zubereitungszeit: 40 Minuten

200 g Hokkaido
1 kleiner Apfel
2 EL Olivenöl
1 TL Thymian
1 TL Rosmarin
2 Handvoll Feldsalat
2 EL Kürbiskernöl
1 EL Balsamicoessig
Salz
frisch gemahlener Pfeffer
2 Burger-Brötchen (siehe Rezept Seite 145)
süßes Maronenpüree

Tipp
Sollte kein Maronenpüree verfügbar sein, kann
man das Brötchen auch mit Honig
beziehungsweise Ahornsirup bestreichen.
Oder man macht das Maronenpüree selbst:
Gekochte Maronen pürieren, mit Milch und Sahne
einkochen und mit Agavendicksaft süßen.

1. Den Backofen auf 160 °C (Umluft) vorheizen. Den Hokkaido waschen und in etwa 5 mm dünne Scheiben schneiden. Den Apfel waschen, entkernen und ebenfalls in dünne Scheiben schneiden. Die Kürbis- und Apfelscheiben mit dem Olivenöl, dem Thymian und dem Rosmarin vermengen. Auf ein mit Backpapier ausgelegtes Backblech verteilen und 15 Minuten im Backofen weich garen.

2. In der Zwischenzeit den Feldsalat gründlich waschen und trockenschütteln. Mit dem Kürbiskernöl und dem Balsamicoessig mischen. Mit Salz und Pfeffer abschmecken.

3. Die Burger-Brötchen aufschneiden und kurz im Backofen erwärmen. Die Brötchenunterteile mit jeweils 1 EL Maronenpüree bestreichen und nacheinander mit Kürbis- und Apfelscheiben sowie dem Feldsalat belegen. Mit dem Brötchenoberteil abschließen und servieren.

*Für die
vegane Variante:*
Bergkäse streichen und
meine vegane Mayonnaise
verwenden. Ei gemäß Hinweis
auf Seite 11 ersetzen.

Tipp

Aus dem Feldsalat, der übrig bleibt, lässt sich
ein prima Beilagensalat zubereiten. Einfach 4 EL
Walnussöl mit 1 EL Himbeeressig, 1 TL süßem
Senf, Salz und Pfeffer verrühren und über den
Salat träufeln.

ALPEN-VEGGIE-BURGER

◆

Zunächst wirkt es befremdlich, ein Laugenbrötchen mit einem
»Laugenknödel« zu belegen, aber wer es einmal probiert hat, lässt sich
gerne auch ein zweites Mal vom Gegenteil überzeugen.

ZUTATEN
Für 2 Burger
Zubereitungszeit: 1 Stunde

150 g Laugenbrezel vom Vortag (etwa 2 Stück)
80 ml lauwarme Milch
1 kleine Zwiebel
1 Bund glatte Petersilie
50 g Bergkäse
6 Radieschen
120 g Krautsalat (aus dem Glas)
6 TL süßer Senf

6 TL Schmand
2 Handvoll Feldsalat
1 Ei
Salz
frisch gemahlener Pfeffer
frisch geriebene Muskatnuss
2 EL Olivenöl
2 Laugenbrötchen (siehe Rezept Seite 146)

1. Laugenbrezeln zerkleinern und in der Milch 20 Minuten einweichen. Mehrmals umrühren und zerdrücken. Es sollte sich eine klebrige Masse bilden.

2. Die Zwiebel abziehen und fein würfeln. Die Petersilie waschen, trockenschütteln und fein hacken. Den Käse reiben. Die Radieschen putzen, waschen und in Scheiben schneiden. Den Krautsalat in einem Sieb gut abtropfen lassen. Den Senf mit dem Schmand verrühren. Feldsalat waschen und trockenschütteln.

3. Die Zwiebel, die Petersilie, den Käse und das Ei unter die Brezeln-Milch-Masse rühren. Mit Salz, Pfeffer und einer Prise Muskatnuss würzen. Sollten die Brezeln stark gesalzen sein, ist eventuell kein Salz mehr nötig. Aus dem Teig zwei Frikadellen formen.

4. Das Öl in einer Pfanne erhitzen. Die Frikadellen von beiden Seiten scharf anbraten und zugedeckt 5 Minuten sanft ziehen lassen. Die Laugenbrötchen aufschneiden. Beide Hälften mit der Senf-Schmand-Mischung bestreichen und mit Feld- und Krautsalat, Radieschen sowie der Frikadelle belegen. Zusammenklappen und servieren.

PAKORA-BURGER

◆

Multikulturalismus der besonderen Art: Indisches Pakora trifft
auf den Inbegriff der amerikanischen Esskultur.

ZUTATEN
Für 2 Burger
Zubereitungszeit: 30 Minuten

100 g vorwiegend festkochende Kartoffeln
100 g Brokkoli
80 g Kichererbsenmehl
1 TL Kurkumapulver
1 TL Chilipulver
½ TL Kreuzkümmel
Salz
frisch gemahlener Pfeffer
2 EL Olivenöl
4 Blätter Chinakohl
½ Bund glatte Petersilie
2 Burger-Brötchen (siehe Rezept Seite 145)
4 EL Erdnuss-Ingwer-Dip (siehe Rezept Seite 118)

Tipp
Wer keine Lust hat, den Erdnuss-Ingwer-Dip
zuzubereiten, kann auch ein wenig Ingwer unter
die Bratlingmasse rühren und gekauftes Erdnussmus oder -butter auf das Burger-Brötchen
streichen.

1. Die Kartoffeln schälen und in eine Schüssel reiben. Den Brokkoli waschen, in der Küchenmaschine zerkleinern und mit den Kartoffeln vermengen. Das Kichererbsenmehl, die Gewürze und
100 ml lauwarmes Wasser unterrühren. Mit Salz und Pfeffer abschmecken. Aus der Masse zwei
Bratlinge formen.

2. Das Olivenöl in einer Pfanne erhitzen und die Bratlinge von beiden Seiten knusprig braun braten. Die Chinakohlblätter sowie die Petersilie waschen und trockenschütteln. Die Chinakohlblätter
in Streifen schneiden, die Petersilienblätter von den Stielen lösen.

3. Brötchen aufschneiden und auf beiden Seiten 1 EL Erdnuss-Ingwer-Dip verteilen. Auf die
Brötchenunterteile jeweils eine kleine Handvoll Chinakohlstreifen sowie Petersilie verteilen. Den
Pakora-Bratling darauflegen, mit dem Brötchenoberteil abschließen und servieren.

RICOTTABÄLLCHEN-BURGER

◆

Süßlicher Ricotta, würziger Parmesan, aromatisches Pesto und mein unschlagbares Tomaten-Paprika-Relish (siehe Rezept Seite 123) vereinen den Geschmack Italiens.

ZUTATEN

Für 2 Burger
Zubereitungszeit: 20 Minuten

30 g Parmesan
150 g Ricotta
25 g Semmelbrösel
Salz
frisch gemahlener Pfeffer
2 EL Olivenöl
4 Blätter Kopfsalat
2 Burger-Brötchen (siehe Rezept Seite 145)
4 EL Rucola-Pistazien-Pesto
(siehe Rezept Seite 129) oder grünes Pesto
4 EL Tomaten-Paprika-Relish
(siehe Rezept Seite 123) oder Tomatensugo

1. Den Parmesan reiben und mit dem Ricotta und den Semmelbröseln verkneten. Mit Salz und Pfeffer abschmecken und acht gleich große Bällchen daraus formen. Das Olivenöl in einer Pfanne erhitzen und die Bällchen von allen Seiten braun braten.

2. In der Zwischenzeit den Kopfsalat waschen und trockenschütteln. Die Burger-Brötchen auf-schneiden und alle Schnittflächen gleichmäßig mit dem Rucola-Pistazien-Pesto bestreichen. Die Brötchenunterteile mit jeweils einem Salatblatt und vier Ricottabällchen belegen. Mit dem Tomaten-Paprika-Relish sowie einem weiteren Salatblatt belegen, mit dem Brötchenoberteil ab-schließen und servieren.

KARROT DOG

◆

Für einen schmackhaften Hotdog sind weder Fleisch noch Tofu oder Seitan nötig. Das beweise ich mit folgendem Rezept.

ZUTATEN
Für 4 Stück
Zubereitungszeit: 25 Minuten

4 Karotten (würstchengroß und -dick)
Salz
frisch gemahlener Pfeffer
½ Salatgurke
200 g Sauerkraut
1 Portion Röstzwiebeln (Rezept siehe rechts)
4 Hotdog-Brötchen
1 Portion Dijon-Aprikosen-Dip
  (siehe Rezept Seite 120)

FÜR DIE RÖSTZWIEBELN
2 Zwiebeln
2 EL Margarine
Salz
frisch gemahlener Pfeffer
2 EL Weizenmehl

1. Die Karotten schälen und die Enden abschneiden. In einem Topf mit Wasser bedecken, salzen und zum Kochen bringen. 8 Minuten mit geschlossenem Deckel köcheln lassen. Je nach Dicke der Karotten kann die Kochzeit variieren. Sie sollten nicht zu weich werden, aber natürlich auch nicht mehr hart sein. Die Karotten mit kaltem Wasser abschrecken, in einem Sieb abtropfen lassen und pfeffern.

2. In der Zwischenzeit die Salatgurke waschen und, wenn vorhanden, mit einem Spiralschneider in feine Spiralen, ansonsten in feine Streifen schneiden. Das Sauerkraut in einem Sieb gut abtropfen lassen.

3. Für die Röstzwiebeln die Zwiebeln abziehen, halbieren und in Halbringe schneiden. Die Margarine in einer Pfanne erhitzen, die Zwiebeln zufügen, kurz anschwitzen, salzen und pfeffern. Mit dem Mehl bestauben und unter ständigem Rühren knusprig braten.

4. Die Brötchen längs einschneiden und die Schnittflächen mit dem Dijon-Aprikosen-Dip bestreichen. Erst eine Karotte, dann Gurke und Sauerkraut in das Brötchen legen. Großzügig Röstzwiebeln darauf verteilen und servieren.

*Für die
vegane Variante:*

Das Ei gemäß Hinweis auf
Seite 11 ersetzen. Den Büffel-
mozzarella durch veganen
Mozzarella ersetzen.

ITALY-TK

◆

Ein tolles Rezept, wenn es mal schnell und einfach gehen soll. Man nehme Tiefkühlgemüse, binde es mit Ei(-ersatz) und Semmelbrösel und garniere den Burger mit thematisch passenden Beilagen.

ZUTATEN
Für 2 Burger
Zubereitungszeit: 30 Minuten

200 g italienisches Tiefkühlgemüse
1 Ei
50 g Semmelbrösel
Salz
frisch gemahlener Pfeffer
2 EL Olivenöl
1 Büffelmozzarella
1 Handvoll Basilikumblätter
2 Burger-Brötchen (siehe Rezept Seite 145)
4 EL Tomaten-Paprika-Relish (siehe Rezept Seite 123) oder Tomatensugo

1. Das Tiefkühlgemüse nach Packungsanweisung zubereiten und mit einem Pürierstab zu einem groben Mus zerkleinern. Das Ei und die Semmelbrösel untermischen, mit Salz und Pfeffer abschmecken und zwei Bratlinge aus der Masse formen. Das Olivenöl in der Pfanne erhitzen und die Bratlinge von beiden Seiten knusprig braten.

2. Den Büffelmozzarella in einem Sieb abtropfen lassen und in Scheiben schneiden. Die Basilikumblätter waschen und trockenschütteln. Die Brötchen aufschneiden. Die Brötchenunterteile mit Tomaten-Paprika-Relish, einem Bratling, Büffelmozzarella und Basilikum belegen. Mit dem Brötchenoberteil abschließen und servieren.

TEX-MEX-BURGER

◆

Die amerikanische Tex-Mex-Küche vereint die Südstaaten mit
der mexikanischen Küche. Dieser Burger ist dafür ein gutes Beispiel.

ZUTATEN

Für 4 Burger
Zubereitungszeit: 45 Minuten

½ Zwiebel
2 Knoblauchzehen
½ Paprika
1 kleine Peperoni
1 Stange Staudensellerie
1 Dose Kidneybohnen (Abtropfgewicht 240 g)
1 Ei
50 g Paniermehl
Salz
frisch gemahlener Pfeffer

1 Avocado
½ unbehandelte Zitrone
½ vorgekochter Maiskolben
1 EL Olivenöl
4 große Blätter Eisbergsalat
50 g Manchego
4 Burger-Brötchen (siehe Rezept Seite 145)
4 EL Mandel-Mayonnaise
   (siehe Rezept Seite 124) oder
   klassische Mayonnaise

1. Den Backofen auf 200 °C (Umluft) vorheizen. Die Zwiebel und den Knoblauch abziehen. Die Paprika sowie die Peperoni waschen und entkernen. Die Selleriestange waschen und schälen. Alles grob würfeln und im Mixer fein zerkleinern.

2. Die Bohnen in einem Sieb abbrausen, gut abtropfen lassen und mit einer Gabel in einer Schüssel zerdrücken. Die Gemüsemasse, das Ei sowie das Paniermehl zufügen, zu einem Teig verkneten, salzen, pfeffern und vier Patties daraus formen. Diese auf ein gefettetes Blech legen und für 10 Minuten in den Backofen geben.

3. Für die Avocadocreme die Avocado halbieren, den Stein entfernen, das Fruchtfleisch lösen. Den Saft der Zitrone auspressen. Alles zu einem Mus verarbeiten, salzen und pfeffern. Die Patties einmal wenden und für weitere 10 Minuten in den Backofen geben.

4. Mit dem Messer den Mais in Scheiben längs vom Kolben trennen. Das Öl in einer Pfanne erhitzen und die Maisringe anbraten. Den Salat waschen und trockenschütteln. Den Manchego reiben.

5. Die Brötchen aufschneiden. Die Unterteile mit der Avocadocreme bestreichen und einem Salatblatt belegen, die Brötchenoberteile mit Mayonnaise bestreichen. Die Patties mit dem Manchego bestreuen und 5 Minuten im Backofen überbacken. Herausnehmen und auf die Brötchenunterteile legen. Den Mais darauf verteilen, mit den Brötchenoberteilen abschließen und servieren.

*Für die
vegane Variante:*
Das Ei gemäß Hinweis auf
Seite 11 ersetzen. Den Käse
durch veganen Käse ersetzen
oder ersatzlos
streichen.

*Für die
vegane Variante:*
Anstatt Halloumi schmeckt
auch eine nicht zu dicke
Scheibe geräucherter
Tofu.

EXOTIC DREAM

◆

Perfekt für den Sommer! Perfekt für den Grill! Denn alle Zutaten
können problemlos auf dem Rost zubereitet werden.

ZUTATEN
Für 2 Stück
Zubereitungszeit: 45 Minuten

1 reife Mango
1 Bund Frühlingszwiebeln
6 EL Ketchup
2 EL dunkler Balsamico
Paprika-Chili-Würzsauce
  (siehe Rezept Seite 115)
  oder Chilisauce nach Belieben
1 Handvoll Basilikumblätter
250 g Halloumi
3 EL Olivenöl
2 Kräuter-Pitas (siehe Rezept Seite 140)

1. Die Mango schälen, entkernen und in kleine Spalten schneiden. Die Frühlingszwiebeln waschen und das dunkle Grün sowie die Wurzelreste entfernen. In etwa 7 cm lange Stücke schneiden und beiseitestellen. Das Ketchup mit dem dunklen Balsamico und der Paprika-Chili-Würzsauce mischen. Die Basilikumblätter waschen und trockenschütteln. Den Halloumi in fingerdicke Scheiben schneiden.

2. 1 EL Olivenöl in einer Pfanne erhitzen und die Frühlingszwiebeln bei mittlerer Temperatur unter mehrmaligem Rühren weich garen. Das restliche Olivenöl in einer zweiten Pfanne erhitzen und den Halloumi von beiden Seiten goldbraun braten.

3. Die Pitas halbieren und mit der Ketchup–Balsamico–Sauce bestreichen. Nacheinander mit den Frühlingszwiebeln, dem Halloumi, den Mangospalten und den Basilikumblättern belegen, mit der oberen Pitahälfte abschließen und servieren.

PRINZESSIN EISENHERZ

◆

Der süße Geschmack sowie das sehr eisenhaltige Amaranth verleihen diesem Burger seinen Namen. Für all die, die zum Frühstück, Brunch, Kaffee oder Nachtisch mal etwas anderes anbieten wollen.

ZUTATEN
Für 2 Stück
Zubereitungszeit: 1 Stunde

60 ml Milch
70 g Amaranth
2 EL zarte Haferflocken
½ unbehandelte Zitrone
3 cm Vanilleschote
1-2 Gewürznelken
1 Messerspitze Zimt
1 TL Rohrohrzucker
2 reife Pfirsiche

4 Blätter Minze
1 Ei
3 EL Semmelbrösel
1 EL Rapsöl
2 Burger-Brötchen (siehe Rezept Seite 145)
4 EL Apfelkompott (aus dem Glas)

1. Die Milch, den Amaranth, die Haferflocken und 100 ml Wasser in einem Topf zum Kochen bringen. Die Zitrone heiß abspülen, Schale abreiben und unter die Masse rühren. Die Vanilleschote halbieren, auskratzen und das Mark mit den Nelken, dem Zimt und dem Zucker unterrühren. 30 Minuten köcheln lassen, gelegentlich umrühren und eventuell Flüssigkeit nachgießen. Schote und Nelken entfernen, die Masse etwas abkühlen lassen.

2. Die Pfirsiche waschen, entkernen und in Scheiben schneiden. Die Minze waschen, trocken-schütteln und in Streifen schneiden. Das Ei und die Semmelbrösel unter die Masse rühren.

3. Das Rapsöl in einer Pfanne erhitzen. Zwei Portionen der Burgermasse mithilfe von zwei Ess-löffeln in die Pfanne geben und von beiden Seiten knusprig braten. Etwa 5 Minuten sanft ziehen lassen.

4. Die Brötchen halbieren. Die Unterteile mit Pfirsichscheiben, einem Bratling, einem Klecks Apfelkompott und Minze belegen. Mit dem Oberteil abschließen und servieren.

EISEN ♡

Für die vegane Variante:
Vegane Milchalternativen verwenden und das Ei gemäß Hinweis auf Seite 11 ersetzen.

Für die vegane Variante:

Pflanzliche Sahne verwenden. Parmesan durch Hefeflocken, Ei gemäß Hinweis auf Seite 11 ersetzen. Mit veganem Käse bestreuen.

Tipp

Die Beanballs schmecken natürlich auch als Zugabe zu Spaghetti mit Tomatensauce oder aber schlicht zu Pommes frites.

BEANBALL-BURGER

Hülsenfrüchte galten in Italien aufgrund ihrer Nahrhaftigkeit als das
»Fleisch des armen Mannes«. Ich kreiere aus weißen Bohnen das
würzige Äquivalent zu Fleischbällchen und kombiniere es mit einer
pikanten Paprikasauce zu einem ganz besonderen Burger. Nach Vorbild
des allseits bekannten Meatball-Sandwichs.

ZUTATEN
Für 4 Burger
Zubereitungszeit: 40 Minuten

FÜR DIE SAUCE
2 Zwiebeln
2 EL Olivenöl
1 gehäufter EL Weizenmehl
100 ml Gemüsebrühe
200 ml Schlagsahne
3 EL Ajvar
2 EL mittelscharfer Senf
Salz
frisch gemahlener Pfeffer

AUSSERDEM
4 Burger-Brötchen (siehe Rezept Seite 145)

FÜR DIE BEANBALLS
250 g weiße Bohnen (aus der Dose)
40 g getrocknete Tomaten
1 Knoblauchzehe
20 g Parmesan, mehr zum Bestreuen
40 g Paniermehl
1 Ei
1 TL getrockneter Oregano
1 TL getrockneter Basilikum
Salz
frisch gemahlener Pfeffer
2 EL Olivenöl

1. Für die Sauce die Zwiebeln abziehen und fein würfeln. Das Öl in einem Topf erhitzen und die Würfel sanft glasig anschwitzen. Das Mehl unterheben, mit der Brühe und der Sahne ablöschen. Das Ajvar und den Senf unterrühren, kurz aufkochen, salzen, pfeffern und 20 Minuten sanft offen köcheln lassen.

2. Den Backofen auf 100 °C (Umluft) vorheizen. Für die Beanballs die Bohnen in einem Sieb abtropfen lassen und im Mixer fein pürieren. Die Tomaten in einem Sieb abtropfen lassen. Den Knoblauch abziehen und mit den Tomaten fein hacken. Den Parmesan reiben. Alles mit dem Paniermehl, dem Ei und den Kräutern vermengen. Salzen und pfeffern.

3. Aus der Bohnenmasse mit feuchten Händen Bällchen mit einem Durchmesser von etwa 2,5 cm formen. Öl in einer Pfanne erhitzen, die Bällchen nacheinander von allen Seiten knusprig braun braten, vorsichtig wenden. Die Bällchen im Ofen warmhalten.

4. Die Brötchen aufschneiden. Die Unterteile mit den Beanballs belegen, mit der Paprika-Rahm-Sauce beträufeln und mit Parmesan bestreuen. Mit dem Oberteil abschließen und servieren.

PIZZA & CO.

Flammkuchen, Lahmacun, Pizza – flache belegte oder gefüllte
Teigfladen sind ein fester Bestandteil der internationalen Küche geworden.

Was fernab der klassischen Beläge und Varianten
möglich ist, soll folgendes Kapitel zeigen. Übrigens
heißt es, der Samstag sei der Tag, an dem weltweit
am meisten Pizza gegessen wird.

FLAMMKUCHEN
MIT CAMEMBERT & APRIKOSEN

Lust auf Urlaub in Frankreich?
Damit kann ich leider nicht dienen. Aber mit einem
Rezept, welches uns geschmacklich dorthin entführt.

ZUTATEN
Für 1 Blech
Zubereitungszeit: 45 Minuten

1 Portion Allround-Teig (siehe Rezept Seite 137)
200 g Camembert
5 reife Aprikosen
30 g Walnusskerne
100 g Crème fraîche
Salz
frisch gemahlener Pfeffer
1 TL Rosmarin

1. Den Backofen auf 50 °C (Umluft) vorheizen. Den Allround-Teig sehr dünn ausrollen, die Ränder etwas einschlagen und auf ein mit Backpapier ausgelegtes Backblech legen. Den Backofen ausschalten und das Backblech für 20 Minuten in den Backofen schieben.

2. Den Camembert in Scheiben schneiden. Die Aprikosen waschen, halbieren, entsteinen und in Spalten schneiden. Die Walnusskerne grob hacken.

3. Das Blech aus dem Backofen nehmen. Den Backofen auf 225 °C vorheizen. Den Teig mit der Crème fraîche bestreichen. Mit Salz, Pfeffer sowie dem Rosmarin bestreuen und gleichmäßig mit dem Camembert und den Aprikosen belegen. Die Walnusskerne darauf verteilen und 8 Minuten im Backofen backen. Herausnehmen und servieren.

FLAMMKUCHEN

MIT CASHEW-OLIVEN-TAPENADE & ARTISCHOCKENHERZEN

◆

Dass ein Flammkuchen auch ohne die obligatorische Crème fraîche funktioniert, beweist dieses Rezept. Fein pürierte, eingeweichte Cashewkerne sorgen hier für die cremige Konsistenz, und Oliven sowie Artischockenherzen für einen unvergleichlich aromatischen Geschmack.

ZUTATEN
Für 1 Blech
Zubereitungszeit: 15 Minuten plus Einweichzeit

50 g Cashewkerne
1 Portion Allround-Teig (siehe Rezept Seite 137)
75 g grüne Oliven ohne Stein
75 g schwarze Oliven ohne Stein
3 EL Olivenöl
250 g eingelegte Artischockenherzen
1 Zwiebel
Salz
frisch gemahlener Pfeffer

Tipp

Wer auf den Käse nicht verzichten möchte, kann den Flammkuchen mit Schafskäse verfeinern.

1. Die Cashewkerne in 50 ml Wasser für 2 Stunden einweichen. Den Backofen auf 50 °C (Umluft) vorheizen. Den Allround-Teig sehr dünn ausrollen, die Ränder ein wenig einschlagen und auf ein mit Backpapier ausgelegtes Backblech legen. Den Backofen ausschalten und das Backblech für 20 Minuten in den Backofen schieben.

2. Die Oliven in einem Sieb gut abtropfen lassen und zusammen mit dem Olivenöl und den Cashewkernen samt Einweichflüssigkeit in einem Mixer fein pürieren. Die Artischockenherzen ebenfalls in einem Sieb abtropfen lassen. Die Zwiebel abziehen, längs halbieren und in dünne Scheiben schneiden.

3. Das Blech aus dem Backofen nehmen. Den Backofen auf 225 °C vorheizen. Den Teig mit der Cashew-Oliven-Tapenade bestreichen und gleichmäßig mit den Zwiebeln und den Artischockenherzen belegen. 9 Minuten im Backofen backen, herausnehmen, salzen, pfeffern und servieren.

*Für die
vegane Variante:*
Den Ricotta durch
Zitronen-Cashew-Mousse
(siehe Rezept Seite 111)
ersetzen.

AUBERGINEN-RICOTTA-TASCHEN

Warm und kalt – diese Teigtaschen sind immer ein Genuss.

ZUTATEN

Für 4 Teigtaschen
Zubereitungszeit: 1 Stunde

1 Portion Allround-Teig
  (siehe Rezept Seite 137)
2 Auberginen
Salz
1 Zwiebel
1 Knoblauchzehe
4 EL Olivenöl
2 TL Harissa-Paste

1 EL Tomatenmark
1 kleine Handvoll Basilikumblätter
1 EL Minzeblätter
1 EL glatte Petersilienblätter
100 g Ricotta
frisch gemahlener Pfeffer
1 TL grobes Meersalz

1. Den Teig vierteln und oval ausrollen. Auf zwei mit Backpapier ausgelegte Backbleche legen und an einem warmen Ort gehen lassen. Den Backofen auf 225 °C (Umluft) vorheizen. Die Auberginen waschen, würfeln und in einem Sieb mit 2 TL Salz vermengen. Die Zwiebel und den Knoblauch abziehen und fein würfeln.

2. In einem Topf 2 EL Olivenöl erhitzen. Die Zwiebel und den Knoblauch anschwitzen. Die Harissa und das Tomatenmark mit anbraten. Die Auberginen dazugeben und unter ständigem Rühren weitere 2 Minuten anbraten. 30 Minuten sanft garen, ab und zu umrühren.

3. Die Basilikum- und Minzeblätter sowie die Petersilie waschen und trockenschütteln. Mit der Auberginenmasse grob pürieren, den Ricotta unterheben, salzen und pfeffern. Die Masse mittig auf dem Teig verteilen. Den Teig an der kurzen Seite zur Mitte und dann die langen Seiten einklappen. Mit dem restlichen Öl bestreichen und Meersalz darüberstreuen. 15 Minuten goldbraun backen, herausnehmen und servieren.

Tipp
Bleibt wider Erwarten Füllmasse übrig,
eignet sich diese auch hervorragend als Sauce zu
einer Portion Nudeln.

PITA MARGHERITA

Die klassischste aller Pizzasorten mal anders.
Namensgeberin ist übrigens Königin Margarethe von Italien, die sich
gerne Pizza in den Palast bringen ließ. Meiner Meinung nach ist sie
damit auch gleichzeitig die Erfinderin des Pizza-Lieferdienstes.

ZUTATEN
Für 1 Blech
Zubereitungszeit: 30 Minuten

125 g Büffelmozzarella
8–10 Kirschtomaten
3 Kräuter-Pitas (siehe Rezept Seite 140)
6 EL Blizza-Sauce (siehe Rezept Seite 112)
20 g Pinienkerne
1 Knoblauchzehe
1 Bund Basilikum
50 ml Olivenöl
20 g Parmesan
Salz
frisch gemahlener Pfeffer

1. Den Backofen auf 225 °C (Umluft) vorheizen. Den Mozzarella in einem Sieb abtropfen lassen und in kleine Stücke zupfen. Die Kirschtomaten waschen und in Scheiben schneiden. Die Kräuter-Pitas halbieren und mit der Schnittfläche nach oben auf ein Backblech legen. Die Hälften jeweils mit 1 EL Blizza-Sauce bestreichen. Die Tomatenscheiben, den Mozzarella und die Pinienkerne darauf verteilen und das Blech für 8 Minuten in den Backofen schieben.

2. Für die Basilikumpaste die Knoblauchzehe abziehen. Den Basilikum waschen, trockenschütteln und die Blätter abzupfen. Zusammen mit dem Knoblauch und dem Olivenöl im Mixer zu einer feinen Paste pürieren.

3. Die Pita Margheritas aus dem Backofen nehmen. Mit Basilikumpaste beträufeln und mit Parmesan bestreuen. Salzen, pfeffern und servieren.

PITA

MARGHERITA

VEGGIE LAHMACUN

◆

Lahmacun bedeutet übersetzt »Fleisch mit Teig«. Dies möchte ich so aber nicht hinnehmen und zeigen, dass es auch ohne Fleisch funktioniert und vor allem schmeckt. Fix geht es mit meinem hefefreien Rezept für Weizentortillas. Am schnellsten natürlich mit denen aus dem Supermarkt-Regal.

ZUTATEN
Für 6 Stück
Zubereitungszeit: 45 Minuten

1 rote Paprika
½ grüne Paprika
2 grüne Peperoni
1 Zwiebel
1 Knoblauchzehe
2 Tomaten
1 Handvoll glatte Petersilie
80 g Cashewkerne

2 EL Tomatenmark
1 TL Paprikapulver
3 EL Olivenöl
Salz
frisch gemahlener Pfeffer
6 Weizentortillas (siehe Rezept Seite 138)
1 kleiner Eisbergsalat

1. Den Backofen auf 225 °C (Umluft) vorheizen. Die Paprikas sowie die Peperoni waschen, das Kerngehäuse und die Stiele entfernen. Die Zwiebel und den Knoblauch abziehen. Die Tomaten waschen und zusammen mit den Paprikas, den Peperoni, der Zwiebel und dem Knoblauch grob klein schneiden. Die Petersilie waschen, trockenschütteln und eine Handvoll Blätter abzupfen. Alles zusammen mit den Cashewkernen, dem Tomatenmark, dem Paprikapulver und dem Olivenöl in einem Mixer zu einer groben Salsa zerkleinern. Mit Salz und Pfeffer abschmecken.

2. Die Weizentortillas mit der Salsa bestreichen und im Backofen 5–8 Minuten backen. Den Eisbergsalat waschen und in Streifen schneiden. Die Fladen mit Salat belegen und zusammengerollt aus der Hand genießen.

Tipp

Selbst gemachte Tortillas müssen natürlich
nicht im Backofen vorgebacken werden.

PIZZA-KARTOFFELN

Pommes oder Pizza? Sie können sich nicht entscheiden?
Versuchen Sie doch mal meine Pizza-Kartoffeln.

ZUTATEN
Für 2 Bleche
Zubereitungszeit: 40 Minuten

400 g große, festkochende Kartoffeln
2 EL Olivenöl
80 g Emmentaler
1 Portion Blizza-Sauce (siehe Rezept Seite 112)

1. Den Backofen auf 180 °C (Umluft) vorheizen. Die Kartoffeln waschen, schälen und in etwa 3 mm dicke Scheiben schneiden oder hobeln. Mit dem Olivenöl in einer Schüssel gut mischen. Danach auf zwei mit Backpapier ausgelegte Backbleche verteilen, ohne dass sich die Scheiben überlappen. 15 Minuten im Backofen backen. In der Zwischenzeit den Emmentaler reiben.

2. Die Backbleche aus dem Backofen nehmen. Die Kartoffelscheiben mit der Blizza-Sauce bestreichen und den Käse darübergeben. Weitere 12 Minuten im Backofen überbacken. Herausnehmen und servieren.

Tipp
Große Kartoffeln lassen sich leichter
als kleine Knollen belegen.

*Für die
vegane Variante:*
Den Emmentaler durch
veganen Streukäse ersetzen
oder ersatzlos streichen.

*Für die
vegane Variante:*
Den Ziegenkäse kann man
durch veganen Frischkäse
oder durch einen veganen
Brotaufstrich ersetzen.

LAUCH-ZIEGENKÄSE-MINIS

◆

Größe ist nicht alles. Dies beweisen auch diese kleinen
Lauch-Ziegenkäse-Pizzas, deren handliche Größe lediglich dafür sorgt,
dass man jeden Bissen umso mehr genießt.

ZUTATEN
Für 10 Mini-Pizzas
Zubereitungszeit: 40 Minuten

1 Portion Allround-Teig (siehe Rezept Seite 137)
2 Stangen Lauch
2 Zwiebeln
2 Knoblauchzehen
150 g Ziegenkäse
1 EL Olivenöl
2 EL getrocknete Cranberrys
4 TL getrockneter Estragon
Salz
frisch gemahlener Pfeffer

1. Den Backofen auf 50 °C (Umluft) vorheizen. Den Allround-Teig in zehn gleich große Stücke teilen und dünn ausrollen. Auf zwei mit Backpapier ausgelegte Backbleche legen. Den Backofen ausschalten und die Backbleche für 20 Minuten in den Backofen schieben.

2. Währenddessen den Lauch waschen und in Ringe schneiden. Die Zwiebeln und die Knoblauchzehen abziehen und in feine Würfel schneiden. Den Ziegenkäse in grobe Stücke schneiden.

3. Das Olivenöl in einer Pfanne erhitzen und die Zwiebel- und Knoblauchwürfel anschwitzen. Den Lauch zufügen und etwa 5 Minuten unter ständigem Rühren anschwitzen. Den Ziegenkäse und die Cranberrys unterrühren. Mit dem Estragon, Salz und Pfeffer abschmecken.

4. Den Backofen auf 225 °C (Umluft) vorheizen. Die Teigkreise großzügig mit der Lauch-Käse-Mischung bestreichen. 7 Minuten im Backofen knusprig backen, herausnehmen und servieren.

DIPS, SAUCEN & CO.

Die geheimen Stars allen Fast Foods ...

... mal dezent, süßlich im Hintergrund, mal aufdringlich pikant im Rampenlicht. Ohne die Dips, Saucen und Aufstriche wäre so mancher Burger zu trocken und das Geschmackserlebnis zu einseitig. Die Klassiker sind Ketchup und Mayonnaise. Aber damit möchte ich mich nicht zufriedengeben und lieber eine geballte Ladung an Rezepten und Ideen für unwiderstehliche Alternativen vorstellen.

LIMETTEN-MINZE-DILL-DIP

◆

Mit der Frische von Limette und Minze, der herben Würze von Dill und der süßen Säure von Joghurt spricht dieser Dip viele Geschmacksknospen an. Er passt zu vielen Gerichten, aber mit Baguette ist er gerne der Hauptdarsteller.

ZUTATEN
Für 300 g
Zubereitungszeit: 10 Minuten

½ Bund Minze
½ Bund Dill
2 unbehandelte Limetten
300 g Naturjoghurt
1 TL Honig oder Agavendicksaft
Salz
weißer Pfeffer

Die Minze und den Dill waschen, trockenschütteln, fein hacken. Die Limetten heiß waschen, trockentupfen und die Schale abreiben. 2 EL Limettensaft auspressen, mit allen Zutaten glatt rühren, salzen und pfeffern. Im Kühlschrank etwa 1 Woche haltbar.

ERBSEN-HUMMUS

◆

Für das Hummus aus Kichererbsen findet man zuhauf Rezepte. Hier eine Variante aus Erbsen, die durch ihre besondere Frische besticht.

ZUTATEN
Für 250 g
Zubereitungszeit: 15 Minuten

200 g Tiefkühlerbsen
1 Knoblauchzehe
½ unbehandelte Zitrone
1 EL Tahin
1 EL Schmand
¼ TL Kreuzkümmelpulver
¼ TL gemahlener Koriander
Salz
frisch gemahlener Pfeffer
2 EL Olivenöl

Die Erbsen in 100 ml kochendem Wasser 3 Minuten zugedeckt garen, abseihen. Den Knoblauch abziehen und würfeln. Die Zitrone heiß abspülen, auspressen und die Schale abreiben. Knoblauch, Zitronensaft und -schale mit den Erbsen und den restlichen Zutaten fein pürieren. Salzen, pfeffern und mit dem Olivenöl beträufeln. Servieren. Im Kühlschrank etwa 1 Woche haltbar.

Für die vegane Variante:
Pflanzlichen Joghurt verwenden.

Für die vegane Variante:
Durch den Schmand wird das Hummus sämiger, kann aber auch durch pflanzlichen Joghurt ersetzt oder ersatzlos gestrichen werden.

HUMMUS

BLITZ-MUHAMMARA

◆

Diese Paste stammt ursprünglich aus Syrien und wertet als Dip so manches Gericht auf. Mit gegrillten Paprikas aus dem Glas ist Muhammara schnell zubereitet und bietet, beispielsweise bei einer Grillparty, eine interessante Abwechslung zu Cocktail-, Knobi- und BBQ-Sauce.

ZUTATEN

Für 350 g
Zubereitungszeit: 15 Minuten

1 Glas gegrillte Paprika
  (Abtropfgewicht 270 g)
1 Knoblauchzehe
40 g Walnusskerne
2 EL Paniermehl
½ TL Kreuzkümmel
½ TL Zimt
2 TL Honig oder Agavendicksaft
2 TL rote Currypaste
1 EL Tomatenmark
50 ml Olivenöl
Salz
frisch gemahlener Pfeffer

Tipp

Ich benutze gegrillte Paprika aus dem Glas, damit es schnell geht. Natürlich lässt sich dies auch selbst erledigen: Dafür einfach zwei rote Paprikaschoten vierteln und unter den vorgeheizten Backofengrill legen, bis die Schale schwarze Blasen wird. Die Paprika aus dem Backofen nehmen und für 15 Minuten in einen Gefrierbeutel geben. Danach die Haut mit einem Messer abziehen und das Fruchtfleisch nach Rezept weiter verarbeiten.

Die Paprika in einem Sieb abtropfen lassen. Die Knoblauchzehe abziehen. Die Walnusskerne grob hacken und in einer Pfanne ohne Öl rösten. Alle Zutaten in einem Mixer fein pürieren und mit Salz und Pfeffer abschmecken. Im Kühlschrank etwa 1 Woche haltbar

Serviertipp: Mit Sesamsamen und glatter Petersilie garnieren.

ZITRONEN-CASHEW-MOUSSE

◆

*Eingeweichte Cashewkerne sind ein fester Bestandteil der veganen
Küche. Man nutzt sie zum Beispiel als Ersatz für Sahne, Ricotta oder
sogar für Käse zum Überbacken. Ich mache daraus eine frische
Mousse und hoffe, damit auch den ein oder anderen Lakto-Vegetarier
von der Vielfältigkeit der Kaschubaum-Kerne zu überzeugen.
Neben ihrem wunderbar süßlichen und nussigen Geschmack sind sie
ein hervorragender Lieferant von wichtigen Mineralstoffen, wie zum
Beispiel Magnesium und Eisen.*

ZUTATEN
Für 300 g
Zubereitungszeit: 10 Minuten plus Einweichzeit

125 g Cashewkerne
½ Schalotte
½ Knoblauchzehe
½ unbehandelte Zitrone
¼ Bund Schnittlauch
Salz
weißer Pfeffer

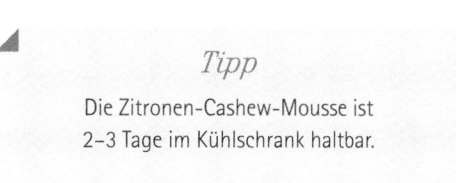

Tipp
Die Zitronen-Cashew-Mousse ist
2–3 Tage im Kühlschrank haltbar.

1. Die Cashewkerne in einer Schüssel mit Wasser bedecken und über Nacht einweichen lassen. Die
Schalotte und die Knoblauchzehe abziehen. Die Zitrone heiß abspülen, ein wenig Schale abreiben
und den Saft auspressen. Den Schnittlauch waschen, trockenschütteln und in feine Ringe schneiden.

2. Die Cashewkerne mit der Einweichflüssigkeit, der Schalotte, der Knoblauchzehe, einer Messerspitze Zitronenschale und 1½ EL Zitronensaft im Mixer pürieren, bis eine feine Masse entsteht.
Eventuell Wasser nachgießen. Mit Salz und Pfeffer abschmecken und die Schnittlauchröllchen
unterrühren.

WEISSE-BOHNEN-KAPERN-DIP

◆

Der Dip aus zwei kleinen Eiweiß- und Proteinwundern passt auch hervorragend zu Baguette. Dazu ein Glas Rotwein auf der Terrasse ...

ZUTATEN
Für 250 g
Zubereitungszeit: 10 Minuten

1 Dose weiße Bohnen
(Abtropfgewicht 250 g)
½ unbehandelte Zitrone
1 EL eingelegte Kapern
3–4 eingelegte getrocknete Tomaten
2 TL getrockneter Basilikum
3 EL Olivenöl
Salz
frisch gemahlener Pfeffer

Die weißen Bohnen in einem Sieb abtropfen lassen. Den Saft der Zitrone auspressen. Zusammen mit den Bohnen, den Kapern, den getrockneten Tomaten, dem Basilikum und dem Olivenöl in einem Mixer fein pürieren. Mit Salz und Pfeffer abschmecken.

Tipp
Wer kein Freund von Kapern ist, kann diese durch Oliven ersetzen. Der Dip ist 2–3 Tage im Kühlschrank haltbar.

BLIZZA-SAUCE

◆

Meine Blizza-Sauce ist im Handumdrehen zubereitet und nicht nur auf Pizza ein Genuss.

ZUTATEN
Für 250 ml
Zubereitungszeit: 5 Minuten

1 kleine Knoblauchzehe
½ kleine Zwiebel
250 g passierte Tomaten
1 TL Honig oder Agavendicksaft
2 TL italienische Kräuter
Salz
frisch gemahlener Pfeffer

Die Knoblauchzehe und die Zwiebel abziehen. Zusammen mit den passierten Tomaten, dem Honig oder Agavendicksaft und den italienischen Kräutern in einem Mixer fein pürieren. Mit Salz und Pfeffer abschmecken.

Tipp

Reste der Blizza-Sauce einfach im Topf erhitzen
und mit einer Portion Pasta genießen.
Etwa 1 Woche im Kühlschrank haltbar.

SCHARFE PAPRIKA-CHILI-WÜRZSAUCE

Ich bin großer Fan der scharfen Sriracha-Sauce aus Thailand. Leider konnte ich diese bisher nicht ohne künstliche, geschmacksverstärkende Inhaltsstoffe entdecken und braute sie kurzerhand selbst zusammen. Bitte nur tröpfchenweise verwenden – kann weh tun.

ZUTATEN
Für 200 ml
Zubereitungszeit: 25 Minuten

200 g rote Peperoni
1 rote Paprika
2 Knoblauchzehen
2 EL Olivenöl
1 TL Salz
2 TL Honig oder Agavendicksaft
2 EL Tomatenmark
50 ml Weißweinessig

> ### Tipp
> Wer es gröber und schärfer mag, kann auch auf das Passieren verzichten. Die Würzsauce ist einige Wochen im Kühlschrank haltbar.

1. Die Peperoni und die Paprika waschen, entstielen, Kerne sowie Zwischenwände entfernen. Den Knoblauch abziehen und zusammen mit der Paprika und den Peperoni im Mixer fein hacken oder mit dem Messer entsprechend würfeln.

2. Das Olivenöl in einem kleinen Topf erhitzen und die Paprika-Peperoni-Knoblauch-Mischung zufügen. Unter mehrmaligem Rühren offen köcheln lassen, bis ein Großteil der Flüssigkeit verdampft ist.

3. Das Salz, den Honig oder Agavendicksaft, das Tomatenmark, 30 ml Wasser und den Weißweinessig zufügen, aufkochen und 5 Minuten einkochen lassen. Zum Schluss durch ein feines Sieb passieren.

CHILI-KIDNEYBOHNEN-DIP

◆

Ein schnell zubereiteter und pikanter Dip oder Aufstrich.
Ich verwende ihn zum Beispiel für die Chili-Bean-Rolls
(siehe Rezept Seite 60).

ZUTATEN
Für 250 g
Zubereitungszeit: 15 Minuten

1 Dose Kidneybohnen (400 g)
1 kleine Zwiebel
1 Knoblauchzehe
2 EL Olivenöl
2 TL rote Currypaste
1 EL Tomatenmark
½ TL Currypulver
½ TL Chilipulver
Salz
frisch gemahlener Pfeffer

Tipp
Der Dip ist 2–3 Tage im
Kühlschrank haltbar.

1. Die Kidneybohnen in einem Sieb abtropfen lassen, dabei die Flüssigkeit auffangen. Die Zwiebel und die Knoblauchzehe abziehen und fein würfeln. Das Olivenöl in einem kleinen Topf erhitzen. Die Zwiebel- und Knoblauchwürfel anschwitzen. Die Currypaste, das Tomatenmark und die Gewürze zufügen und kurz mit anrösten. Die Kidneybohnen und die Hälfte der Dosenflüssigkeit zufügen und gut vermengen.

2. Alles in einem Mixer fein pürieren und mit Salz und Pfeffer abschmecken. Gegebenenfalls kann auch noch mit Chilipulver nachgeschärft werden.

KORIANDER-MINZE-CHUTNEY

◆

Herrlich frisch und doch pikant. Dieses Chutney überrascht mit einer
sich wundervoll ergänzenden Geschmackskomposition.

ZUTATEN

Für 100 g
Zubereitungszeit:10 Minuten

2 grüne Peperoni
1 Handvoll Korianderblätter
½ Handvoll Minzeblätter
1 Limette
1 EL Weißweinessig
1 EL Olivenöl
Salz
frisch gemahlener Pfeffer

Die Peperoni waschen, Kerne und Innenwände
entfernen. Die Koriander- und Minzeblätter
waschen und trockenschütteln. Den Saft der
Limette auspressen. Alles mit den restlichen
Zutaten im Mixer zerkleinern und mit Salz und
Pfeffer abschmecken.

ERDNUSS-INGWER-DIP

◆

Dieser Dip mit Fernost-Note passt perfekt zu Asiatischem.

ZUTATEN

Für 250 g
Zubereitungszeit: 15 Minuten

1 Knoblauchzehe
2 cm Ingwerwurzel
1 kleine Handvoll Korianderblätter
250 g Erdnussmus
3 EL Apfelessig
2 EL Tamari
2 TL Agavendicksaft
1 TL Cayennepfeffer

Die Knoblauchzehe abziehen, die Ingwerwurzel
schälen. Den Koriander waschen und trockenschütteln. Alle Zutaten in einem Mixer fein
pürieren. Nach und nach 125 ml heißes Wasser
zufügen, bis der Dip die gewünschte Konsistenz
erreicht hat.

Tipp

Für mehr Biss kann man grob gehackte
Erdnüsse unterrühren. Der Dip ist im
Kühlschrank etwa 1 Woche haltbar.

Tipp

Wer sich von der Schärfe der Peperoni nicht
überraschen lassen will, kann zu milden Peperoni
aus dem Glas greifen. Das Chutney ist im
Kühlschrank etwa 1 Woche haltbar.

AVOCADO-KNOBLAUCH-DIP

◆

Der etwas andere Knoblauch-Dip. Die Avocado sorgt hier nicht nur für eine besonders cremige Konsistenz, sondern auch für den außergewöhnlichen Geschmack.

ZUTATEN
Für 300 g
Zubereitungszeit: 15 Minuten

½ Bund glatte Petersilie
1–2 Knoblauchzehen
½ Avocado
250 g Naturjoghurt
1 TL Weißweinessig
Salz
weißer Pfeffer

Die Petersilie waschen, trockenschütteln und die Blätter abzupfen. Den Knoblauch abziehen und grob würfeln. Das Fruchtfleisch der Avocado herauslösen. Zusammen mit dem Joghurt und dem Weißweinessig im Mixer pürieren. Mit Salz und Pfeffer abschmecken. Im Kühlschrank 2–3 Tage haltbar.

DIJON-APRIKOSEN-DIP

◆

Ein sehr schnell zubereiteter Dip aus Aprikosenkonfitüre. Bitte nicht geizen und Konfitüre mit hohem Fruchtgehalt verwenden.

ZUTATEN
Für 100 g
Zubereitungszeit: 5 Minuten

4 EL Aprikosenkonfitüre
1 TL süßer Senf
1 TL Dijonsenf
2 TL Apfelessig
1 TL getrockneter Thymian

Alle Zutaten miteinander verrühren.

Tipp
Der Dip hält sich im Kühlschrank etwa 2 Wochen.

Für die
vegane Variante:
Pflanzlichen Joghurt
verwenden.

TOMATEN-PAPRIKA-RELISH

◆

Als Dip, als Sauce oder als Brotaufstrich – dieses Relish ist vielseitig und passt zu fast allem. Am besten in großen Mengen kochen und in Einmachgläsern bevorraten.

ZUTATEN

Für 450 g
Zubereitungszeit: 50 Minuten

400 g Tomaten
1 gelbe Paprika
1 Zwiebel
1 Knoblauchzehe
2 EL Olivenöl
1 EL Tomatenmark
2 TL Ingwerpulver
25 ml Rotwein
2 TL Honig oder Agavendicksaft
Salz
frisch gemahlener Pfeffer

Tipp

Wer es gröber und schärfer mag, kann auch auf das Passieren verzichten. Die Würzsauce ist einige Wochen im Kühlschrank haltbar.

1. Die Tomaten und die Paprika waschen. Die Tomaten in kleine Würfel schneiden, die Paprika entkernen und ebenfalls klein würfeln. Die Zwiebel sowie die Knoblauchzehe abziehen und fein würfeln.

2. Das Olivenöl in einem kleinen Topf erhitzen. Die Zwiebel- und Knoblauchwürfel anschwitzen. Das Tomatenmark und das Ingwerpulver unterrühren, kurz anrösten und mit dem Rotwein ablöschen. Die Tomaten- und Paprikawürfel sowie den Honig oder Agavendicksaft zufügen und bei mittlerer Temperatur etwa 40 Minuten unter häufigem Rühren einkochen lassen. Mit Salz und Pfeffer abschmecken.

MANDEL-MAYONNAISE

◆

Vegane Mayonnaise wird meist auf Sojabasis zubereitet. Ich nehme stattdessen Mandelmus. Zusammen mit den anderen Zutaten sorgt es dafür, dass hier keiner ein Ei vermissen wird. Wichtig ist, raffiniertes Rapsöl zu verwenden, da dieses nahezu geschmacksneutral ist und den Gewürzen nicht die Show stiehlt.

ZUTATEN

Für 250 g
Zubereitungszeit: 10 Minuten

1 unbehandelte Zitrone
2 EL weißes Mandelmus
1 TL gekörnte Gemüsebrühe
2 TL Dijonsenf
1 TL Kurkumapulver
1 TL edelsüßes Paprikapulver
200 ml Rapsöl
Salz
frisch gemahlener Pfeffer

Tipp

Perfekt auch als Dressing für einen Kartoffel-salat. Einfach mit gekochten und geschnittenen Kartoffeln vermengen. In Ringe geschnittene Frühlingszwiebeln und klein gewürfelte Essig-gurken zufügen. Mit Gurkenwasser, Salz und Pfeffer würzen. Die Mayonnaise hält sich im Kühlschrank etwa 1 Woche.

Die Zitrone halbieren und den Saft auspressen. Das Mandelmus zusammen mit 100 ml lauwarmem Wasser, der Gemüsebrühe, dem Senf, dem Kurkuma- und dem Paprikapulver und dem Zitronen-saft in einem hohen Gefäß mit einem Stabmixer auf höchster Stufe pürieren. Dabei kontinuierlich das Öl zufügen, bis eine cremige Konsistenz entsteht. Mit Salz und Pfeffer abschmecken.

KRÄUTER-GÜRKCHEN-REMOULADE

◆

Wer liebt sie nicht – die Remouladensauce. Meine besticht durch den frischen Geschmack von Dill, Estragon und Petersilie. Mit Naturjoghurt als Basis liegt sie nicht ganz so schwer im Magen wie die übliche Konkurrenz.

ZUTATEN

Für 250 g
Zubereitungszeit: 10 Minuten

1 kleine rote Zwiebel
5 Essiggurken
1 TL Dillspitzen
2 TL Estragon
2 EL glatte Petersilie
6 EL Mayonnaise oder Mandel-Mayonnaise
  (siehe Rezept Seite 124)
125 g Naturjoghurt
Salz und frisch gemahlener Pfeffer

Die Zwiebel abziehen und zusammen mit den Essiggurken fein würfeln. Die Kräuter waschen, trockenschütteln und fein hacken. Die Mayonnaise mit dem Joghurt sowie den Kräutern verrühren und mit Salz und Pfeffer abschmecken. Im Kühlschrank etwa 1 Woche haltbar.

CURRY-MANDARINEN-RICOTTA

◆

Ein fruchtiger Dip für viele Gelegenheiten. Passt gleichermaßen zu Kartoffeln, Brot und sogar zum gegrillten Fleisch etwaiger Gäste.

ZUTATEN

Für 400 g
Zubereitungszeit: 10 Minuten

½ Dose Mandarinen
  (Abtropfgewicht 315 g)
1 Frühlingszwiebel
125 g Ricotta
125 g Magerquark
1½ TL mildes Currypulver
Salz und frisch gemahlener Pfeffer

Die Mandarinen in einem Sieb abtropfen lassen und die Flüssigkeit auffangen. Die Frühlingszwiebel putzen, waschen und in kleine Ringe schneiden. Den Ricotta und den Magerquark mit dem Currypulver und 1½ EL Mandarinensaft verrühren. Die Frühlingszwiebel sowie die Mandarinen unterrühren und mit Salz und Pfeffer abschmecken.

Tipp

Der Dip hält sich im Kühlschrank 2–3 Tage.
Die restlichen Mandarinen sowie der restliche
Saft ergeben einen unkomplizierten
Nachtisch für zwei Personen: Einfach mit 150 g
Vanillepudding und 100 g Joghurt verrühren
und servieren.

Für die vegane Variante:
Pflanzlichen Joghurt verwenden.

ROTE BEETE

Tipp
Das Pesto immer gut mit Öl bedecken und kühl aufbewahren. Dann hält es mehrere Wochen.

ROTE-BETE-MEERRETTICH-DIP

◆

Die rote Knolle und die scharfe Wurzel. Ein unverkennbares
Traumpaar vereint in einem frischen Dip.

ZUTATEN
Für 250 g
Zubereitungszeit: 10 Minuten

150 g Naturjoghurt
3 TL Meerrettichpaste
100 g vorgekochte rote Bete
 (1 kleine Knolle)
Salz
frisch gemahlener Pfeffer

Den Naturjoghurt mit der Meerrettichpaste verrühren. Die rote Bete fein reiben und unterrühren. Mit Salz und Pfeffer abschmecken. Im Kühlschrank 2–3 Tage haltbar.

RUCOLA-PISTAZIEN-PESTO

◆

Dieses Pesto überzeugt durch eine Komposition von mildem Rucola,
würzigen Pistazienkernen und frischer Limette.

ZUTATEN
Für 150 g
Zubereitungszeit: 15 Minuten

30 g Pistazienkerne
30 g Rucola
15 g glatte Petersilie
1 kleine Knoblauchzehe
½ Limette
6 EL Olivenöl
1 TL Honig oder Agavendicksaft
Salz
frisch gemahlener Pfeffer

1. Die Pistazienkerne in einer heißen Pfanne ohne Öl rösten. Den Rucola sowie die Petersilie waschen und trockenschütteln. Den Knoblauch abziehen und grob schneiden. Den Saft der Limette auspressen.

2. Alles zusammen mit dem Olivenöl und dem Honig oder Agavendicksaft im Mixer pürieren. Mit Salz und Pfeffer abschmecken.

PESTO ALLA GENOVESE

◆

Den Klassiker unter den Pestos möchte ich nicht verfälschen. Natürlich
kann man je nach Geschmack die Menge einzelner Zutaten variieren,
doch bleibt das Grundrezept des ligurischen Weltstars bestehen.

ZUTATEN
Für 200 g
Zubereitungszeit: 10 Minuten

30 g Pinienkerne
1 Bund Basilikum
1 Knoblauchzehe
100 ml Olivenöl
50 g Parmesan
Salz
frisch gemahlener Pfeffer

1. Die Pinienkerne in einer Pfanne ohne Öl rösten. Die Basilikumblätter von den Stielen zupfen, waschen und trockenschütteln. Die Knoblauchzehe abziehen. Alles mit dem Olivenöl in einem Mixer pürieren.

2. Den Parmesan fein reiben und unter das Pesto rühren. Mit Salz und Pfeffer abschmecken.

◢

Tipp

Wer Zeit und Mühe sparen will, kann Basilikum
aus der Tiefkühltruhe verwenden. Geröstet
schmecken die Pinienkerne zwar intensiver, aber
dieser Schritt kann auch eingespart werden.
Das Pesto immer gut mit Öl bedecken und im
Kühlschrank aufbewahren, dann bleibt es mehrere
Wochen haltbar.

Für die vegane Variante:
Anstatt Parmesan die doppelte Menge Pinienkerne verwenden. Eventuell mit 2 EL weißer Misopaste würzen. Manchmal ist kein weiteres Salz nötig.

PESTO

MANGO-KOKOS-SAUCE

◆

Sonnenschein, türkisfarbenes Wasser und endlose Sandstrände …
kann ich leider nicht bieten. Aber ein Rezept, welches hervorragend in
dieses Setting passt und schnell zubereitet ist.

ZUTATEN
Für 250 ml
Zubereitungszeit: 10 Minuten

1 Mango
1 rote Peperoni
1 Knoblauchzehe
1 cm Ingwerwurzel
1 TL Tamari
2 EL Kokosmilch
Salz

Die Mango schälen, das Fruchtfleisch vom Kern lösen und in grobe Würfel schneiden.
Die Peperoni waschen, halbieren und Stiel sowie Kerne entfernen. Die Knoblauchzehe abziehen.
Die Ingwerwurzel schälen und fein reiben. Alle Zutaten im Mixer pürieren und mit Salz abschmecken.

Tipp
Die restliche Kokosmilch können Sie am
nächsten Tag für den Linsen-Dal-Burrito
(siehe Rezept Seite 30) verwenden. Die Sauce
hält sich im Kühlschrank 2–3 Tage.

BRÖTCHEN & CO.

Obwohl es natürlich einfacher und schneller ist, gekaufte Backwaren zu verwenden, möchte ich eine Möglichkeit bieten, auch mal selbst für die Basics zu sorgen.

Ich habe dabei versucht, den üblichen Zeitfresser »Gehenlassen« auf ein Mindestmaß zu reduzieren. Bei den so hergestellten Backwaren ist es ratsam, diese direkt zu verwenden, da sie schneller austrocknen. Wer Zeit hat, darf den Teig natürlich nach dem Kneten für etwa 1 Stunde gehen lassen und dann weiterverarbeiten.

Meine Backrezepte sind hier alle mit Weizenmehl aufgeführt, doch ist die Wahl des Mehltyps Ihnen und Ihrem Geschmack überlassen. Die benötigte Wassermenge variiert dabei leicht. Ist der Teig zu feucht, einfach noch Mehl, ist er zu trocken, Wasser zufügen.

ALLROUND-TEIG

◆

*Ein Teig für fast alles? Klar! Ich mache es mir einfach und vermeide
kleinliche Änderungen. Ob Flammkuchen, Pizza oder Pitas – mit
diesem Rezept gelingen sie alle. Und da ich den Teig im Backofen
gehen lasse, spare ich wertvolle Zeit.*

ZUTATEN
Für 1 Portion
Zubereitungszeit: 10 Minuten

½ Würfel Hefe
250 g Weizenmehl
½ TL Rohrohrzucker
1 TL Salz
2 EL Olivenöl

1. Die Hefe in einen Messbecher mit 125 ml lauwarmem Wasser krümeln und gut verrühren. Das
Mehl, den Zucker, das Salz, das Olivenöl und die aufgelöste Hefe in einer Rührschüssel mit den
Knethaken eines Rührgeräts zunächst auf kleiner, dann auf höchster Stufe gründlich zu einem
glatten und homogenen Teig verkneten. Ich knete übrigens am liebsten mit den Händen. Das
dauert mit ein wenig Übung auch nicht viel länger, aber macht am meisten Spaß.

2. Je nach Rezept fortfahren.

◢
Tipp
Teig in größeren Mengen zubereiten und
einfrieren. Das spart Zeit und Nerven. Einfach den
aufgegangenen Teig in einem Gefrierbeutel im
Gefrierschrank aufbewahren. Dort hält er sich
bis zu 6 Monate. Wenn er gebraucht wird, über
Nacht im Kühlschrank oder in einer abgedeckten
Schüssel auftauen und gehen lassen.

WEIZENTORTILLAS

◆

Wer einmal selbst gemachte Tortillas probiert hat, wird sie nie wieder missen wollen.

ZUTATEN

Für 6 Fladen
Zubereitungszeit: 50 Minuten

350 g Weizenmehl
180 ml Wasser
1 TL Salz
6 EL Olivenöl

1. Das Weizenmehl, das Wasser und das Salz in einer großen Schüssel zu einem glatten Teig verrühren und für 30 Minuten ruhen lassen.

2. Den Teig in sechs gleich große Stücke teilen und auf einer bemehlten Arbeitsfläche dünn und kreisrund ausrollen.

3. 1 EL Olivenöl in einer beschichteten Pfanne erhitzen. Einen Teigfladen bei hoher Temperatur von beiden Seiten etwa 1 Minute braten, bis der Teig Blasen wirft. Dabei darauf achten, dass die Tortillas nicht knusprig werden. So auch mit den restlichen Fladen verfahren.

KRÄUTER-PITAS

◆

Für die handlichere Variante des Fladenbrots gibt es unzählige kreative Verwendungsmöglichkeiten. Durch die Kräuter schmeckt das Brot herrlich mediterran und lädt dazu ein, auch einfach mal nur mit Dip genossen zu werden.

ZUTATEN

Für 4 Pitas
Zubereitungszeit: 45 Minuten

1 Portion Allround-Teig (siehe Rezept Seite 137)
2 EL Olivenöl
2 TL getrocknete italienische Kräuter

1. Den Backofen auf 50 °C (Umluft) vorheizen. Den Allround-Teig vierteln und auf einer bemehlten Arbeitsfläche zu handflächengroßen Kreisen mit einer Dicke von etwa 1 cm ausrollen. Mit dem Olivenöl bestreichen und italienischen Kräutern bestreuen.

2. Den Backofen ausschalten. Den Teig auf ein mit Backpapier ausgelegtes Backblech legen und zusammen mit einer feuerfesten Schale mit Wasser in den Backofen schieben. Den Teig 20 Minuten gehen lassen. Die Temperatur auf 225 °C erhöhen und 15 Minuten backen.

Tipp

Sie können auch frische Kräuter verwenden. Dafür die gebackenen Pitas mit Olivenöl bestreichen und mit den klein gehackten Kräutern bestreuen.

FLADENBROT

◆

Das Fladenbrot ist weltweit die am weitesten verbreitete Zubereitungsart von Brot. Ich mache daraus die in Dönerbuden gern verwendete türkische Hefeteigvariante mit Sesam und Schwarzkümmel. Das Topping kann natürlich nach Belieben angepasst werden.

ZUTATEN

Für 2 Fladenbrote (Durchmesser 20 cm)
Zubereitungszeit: 50 Minuten

1 Portion Allround-Teig (siehe Rezept Seite 137)
1 EL Olivenöl
1 TL Schwarzkümmelsamen
1 TL Sesamsamen

1. Den Backofen auf 50 °C (Umluft) vorheizen. Den Allround-Teig halbieren und mit den Händen zu etwa 2 cm dicken Fladen formen. Die Teiglinge am besten wie ein Lenkrad in den Händen drehen und dabei vorsichtig auseinanderziehen. Mit dem Olivenöl bestreichen, die Schwarz- kümmel- sowie die Sesamsamen darüberstreuen.

2. Den Backofen ausschalten. Den Teig auf ein mit Backpapier ausgelegtes Backblech legen und zusammen mit einer feuerfesten Schale mit Wasser in den Backofen schieben. 20 Minuten gehen lassen. Dann die Temperatur auf 225 °C erhöhen und 20 Minuten backen.

◣

Tipp

Wer eine weichere Kruste mag, schlägt die Fladenbrote nach dem Backen für einige Zeit in ein feuchtes Geschirrtuch ein.

BURGER-BRÖTCHEN

Auch bei Burger-Brötchen scheiden sich die Geister. Manche mögen sie luftig weich, manche vollkornig fest. Ich versuche, es allen recht zu machen, und entscheide mich für die goldene Mitte.

ZUTATEN
Für 4 Brötchen
Zubereitungszeit: 50 Minuten

1 Portion Allround-Teig (siehe Rezept Seite 137)
2 EL Olivenöl
2 TL Sesamsamen

1. Den Backofen auf 50 °C (Umluft) vorheizen. Den Teig in vier gleich große Stücke teilen. Diese jeweils zu Kugeln formen und daumendick flachdrücken. Mit dem Olivenöl bestreichen und Sesamsamen darüberstreuen.

2. Den Backofen ausschalten. Die Teiglinge auf ein mit Backpapier ausgelegtes Blech legen und zusammen mit einer feuerfesten Schale mit Wasser in den Backofen schieben. 20 Minuten gehen lassen. Dann die Temperatur auf 225 °C erhöhen und 20 Minuten backen.

Tipp
Wer eine weichere Kruste mag, schlägt die Burger-Brötchen nach dem Backen für einige Zeit in ein feuchtes Geschirrtuch ein.

LAUGENBRÖTCHEN

◆

Für die Laugenbrötchen braucht man etwas mehr Geduld. Hier muss man den Teig wie gewohnt gehen lassen, damit die Brötchen im Laugenbad nicht zusammenfallen. Das Ergebnis: innen luftig und außen knusprig.

ZUTATEN
Für 4 Brötchen
Zubereitungszeit: 70 Minuten

1 Portion Allround-Teig (siehe Rezept Seite 137)
2 EL Salz
30 g Natron (1 Päckchen)

1. Den Backofen auf 50 °C (Umluft) vorheizen. Den Allround-Teig in eine Schüssel geben und mit einem Küchentuch abdecken.

2. Den Backofen ausschalten, die Lampe aber eingeschaltet lassen. Den Teig 20 Minuten gehen lassen, herausnehmen, kurz durchkneten und in vier gleich große Stücke teilen. Diese zu Kugeln formen und zu ovalen Formen mit einer Dicke von 2–3 cm drücken. Auf ein mit Backpapier ausgelegtes Backblech legen und 15 Minuten bei eingeschaltetem Backofenlicht gehen lassen.

3. In der Zwischenzeit 1 l Wasser in einem großen Topf zum Kochen bringen. Das Salz und das Natron zufügen. Vorsicht: Das Wasser schäumt stark auf! Das Backblech mit den Teiglingen aus dem Backofen nehmen. Den Backofen auf 225 °C vorheizen.

4. Die Teiglinge vorsichtig in das kochende Wasser geben und jeweils 30 Sekunden von beiden Seiten ziehen lassen. Vorsichtig mit einer Schaumkelle herausnehmen, abtropfen lassen und auf das Backblech legen. 15 Minuten im Backofen fertig backen.

Tipp

Achtung: Gekauftes Laugengebäck wird oft mit Schweineschmalz hergestellt. Der Bäcker kann Auskunft geben.

BAGELS

Das runde Gebäck mit dem markanten Loch in der Mitte besticht durch ein festes Äußeres und ein weiches Inneres. Dafür muss es für kurze Zeit ins Wasserbad und braucht, wie auch die Laugenbrötchen, etwas mehr Gehzeit.

ZUTATEN
Für 4 Bagels
Zubereitungszeit: 50 Minuten

1 Portion Allround-Teig (siehe Rezept Seite 137)
Topping für die Bagels (z. B. Sesamsamen, Mohnsamen, Kürbiskerne)

1. Den Backofen auf 50 °C (Umluft) vorheizen. Den Allround-Teig in eine Schüssel geben und mit einem Küchentuch abdecken.

2. Den Backofen ausschalten, die Lampe aber eingeschaltet lassen. Den Teig 20 Minuten gehen lassen, herausnehmen, kurz durchkneten und in vier gleich große Stücke teilen. Diese zu Kugeln formen, mittig mit dem Zeigefinger ein Loch durchstechen und dieses durch eine kreisende Bewegung ausweiten. Der Durchmesser des Lochs darf gerne auf 5–6 cm ausgeweitet werden, da der Teig noch stark aufgeht.

3. Die Teiglinge auf ein mit Backpapier ausgelegtes Backblech legen und in den Backofen schieben. 15 Minuten bei eingeschaltetem Backofenlicht gehen lassen. In der Zwischenzeit 1 l Wasser in einem großen Topf zum Kochen bringen.

4. Die Teiglinge aus dem Backofen nehmen. Den Backofen auf 225 °C vorheizen. Die Bagels vorsichtig in das köchelnde Wasser geben und von jeder Seite etwa 1 Minute ziehen lassen. Vorsichtig mit einer Schaumkelle herausnehmen, abtropfen lassen und auf das Backblech legen. Je nach Geschmack mit Sesam- oder Mohnsamen, Kürbiskernen oder Käse bestreuen. Etwa 17 Minuten im Backofen fertig backen.

TOASTBROT

◆

Warum kaufen, wenn es doch so einfach selbst zuzubereiten ist.
Mit meinem Allround-Teig und etwas Geduld beim Backen duftet es
ruck, zuck nach frischem Brot. Und auch geschmacklich steht es dem
Gekauften in nichts nach.

ZUTATEN
Für eine 24-cm-Kastenbackform
Zubereitungszeit: 1 Stunde 15 Minuten

2 Portionen Allround-Teig (siehe Rezept Seite 137) ohne Olivenöl
50 g Margarine

1. Den Backofen auf 50 °C (Umluft) vorheizen. Den Allround–Teig vorbereiten, aber anstatt Olivenöl 50 g weiche Margarine in den Teig kneten.

2. Den Backofen ausschalten. Die Kastenbackform mit Margarine einfetten und den Teig darin verteilen. Zusammen mit einer feuerfesten Schale mit Wasser in den Backofen schieben. 20 Minuten gehen lassen. Dann die Temperatur auf 200 °C hochdrehen. 45 Minuten backen und aus dem Backofen nehmen. Mit der Faust dagegen klopfen: Klingt es hohl, ist das Brot fertig.

Tipp

Wer eine weichere Kruste mag, schlägt das Toastbrot nach dem Backen für einige Zeit in ein feuchtes Geschirrtuch ein.

Rezeptregister

Stichwortregister

Dank

Vielen Dank!

Wie bei allen Büchern steckt nicht nur der Autor hinter dem Werk, sondern eine ganze Reihe an anderen Personen, die an der Verwirklichung beteiligt waren. Ich möchte diese Seite nutzen, um diese Personen zu erwähnen und ihnen zu danken.

So danke ich zunächst den Rezepttestern Katharina und Uschi, die mutig diverse Rezepte ausprobierten und so manchen Fehler aufdecken konnten. Ein weiterer Dank gilt allen, die mir ihre Hilfe als Tester zwar angeboten hatten, die ich allerdings nicht mehr erhören konnte oder wollte. ☺ Ein besonderer Dank gilt meinen Eltern, die sich grundsätzlich um viele Dinge kümmern und bemühen und mir so viel Luft verschafften, um am Buch arbeiten zu können.

Ich danke meiner kleinen Tochter Carla, dass sie wenigstens manchmal früh ins Bett gegangen ist, um mir Zeit zum Kochen zu schenken. Doch vor allem danke ich ihr für jeden der vielen schönen Momente, die sie mir schenkt und die mich Tag für Tag motivieren, das Leben zu genießen.

Marion möchte ich danken für die großartige Hilfe und Unterstützung beim Exposé und der Bewältigung von bürokratischem Neuland.

Franzi gebührt der Dank für die schöne Gestaltung und den Elan, der dahintersteckte.

Dem Christian Verlag möchte ich für die aufregende Chance danken, dieses Buch veröffentlichen zu dürfen.

Und zu guter Letzt geht ein ganz großer Dank an Sie, für den Kauf meines Buches und das damit verbundene Interesse daran. Ich hoffe, Sie wurden nicht enttäuscht und werden noch öfter Rezepte daraus genießen können.

Impressum

Verantwortlich: Britta Bettendorf
Produktmanagement: Annemarie Heinel
Redaktion: Susanne Gottschlich
Layout und Satz: Franziska Detlof
Illustration: Franziska Detlof
Umschlaggestaltung: Regina Degenkolbe
unter Verwendung von Fotos von
Maria Brinkop
Repro: LUDWIG:media
Herstellung: Anna Katavic

Text und Rezepte: Florian Sehn
Fotografie: Maria Brinkop
Foodstyling: Fotobrinkops Team
Assistenz: Kai Dönges

Printed in Slovenia by Florjancic

Unser komplettes Programm finden Sie unter

 www.christian-verlag.de

Sind Sie mit diesem Titel zufrieden? Dann würden wir uns über Ihre Weiterempfehlung freuen.
Erzählen Sie es im Freundeskreis, berichten Sie Ihrem Buchhändler oder bewerten Sie bei Onlinekauf. Und wenn Sie Kritik, Korrekturen, Aktualisierungen haben, freuen wir uns über Ihre Nachricht an: Christian Verlag, Postfach 40 02 09, D-80702 München oder per E-Mail an lektorat@verlagshaus.de

Die Deutsche Nationalbibliothek verzeichnet diese Publikation in der Deutschen Nationalbibliografie; detaillierte bibliografische Daten sind im Internet über http://dnb.d-nb.de abrufbar.

Alle Fotos stammen von Maria Brinkop, mit Ausnahme des Autorenfotos auf Seite 6 (© Florian Sehn).

© 2021 Christian Verlag GmbH
Infanteriestraße 11a
80797 München
Alle Rechte vorbehalten.

ISBN 978-3-95961-533-4

Gekürzte Neuausgabe des 2015 erschienenen Titels »Veggie Fast Food. 80 vegetarische Rezepte auf die Hand« mit der ISBN 978-3-86244-667-4.

Ebenfalls erhältlich ...

ISBN 978-3-95961-371-2

ISBN 978-3-95961-411-5

ISBN 978-3-95961-255-5

ISBN 978-3-95961-396-5

CHRISTIAN

www.christian-verlag.de